# かわいい！たのしい！ラクラクできちゃう パネルシアター

自由現代社

# かわいい！たのしい！ラクラクできちゃう パネルシアター

## CONTENTS

- もくじ　2
- 本書の特長／誌面構成について　4
- パネルの作りかた／舞台の作りかた　5
- 絵人形の作りかた　6
- しかけなどについて　7
- 歌って楽しむパネルシアター　8
- 名作を楽しむパネルシアター　34
- 生活を楽しむパネルシアター　58
- 型紙集　81

### 歌って楽しむパネルシアター

 ① ぞうさんのぼうし　8

 ② 犬のおまわりさん　14

 ③ ふしぎなポケット　19

 ④ まあるいたまご　24

 ⑤ おべんとうばこのうた　29

## 名作を楽しむパネルシアター

 ① 王様の耳はロバの耳　　34

 ② 大きなかぶ　　40

 ③ にんじんごぼうだいこん　　46

 ④ ブレーメンの音楽隊　　51

## 生活を楽しむパネルシアター

 ① うしろ姿はだあれ？　　58

 ② おかたづけできるかな？　　63

 ③ 大きくなったら何になりたい？　　69

 ④ きれいなお窓　　75

## ★本書の特長

　パネルシアターのステージでは、子どもたちは「今からどんなことが始まるんだろう？」と、目をキラキラ輝かせます。絵人形が簡単にはったりはがれたりすることの不思議さや、次々と展開するさまざまな世界に、子どもたちは、ワクワクしながら想像力をふくらませることができます。

　本書では、「歌って楽しむパネルシアター」「名作を楽しむパネルシアター」「生活を楽しむパネルシアター」というテーマで、お誕生日会や園の行事の他に、園生活のいろいろな場面で、子どもたちがパネルシアターを楽しめるような内容を取り上げています。そして、すべてのパネルシアターについて、可愛らしいイラストの型紙をつけており、拡大コピーして簡単に使えるようになっています。さらに、本書では、簡単なしかけによって、絵人形がユーモラスな動きをしたり、しかけのポケットからさまざまなものが飛び出したり、ポケット部分にいろいろなものがはめ込めたりなど、子どもたちがアッと驚くようなしかけが、ふんだんに盛り込まれています。こうした工夫がいっぱいのしかけのあるパネルシアターを演じることで、子どもたちは、より楽しむことができ、豊かな心を育むことにつながります。子どもたちが夢中になるような楽しいパネルシアターを、保育現場でぜひお役立てください。

## ★誌面構成について

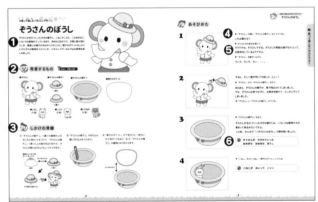

❶ 各パネルシアターの特長や、演じる際のポイントなどを説明しています。

❷ パネルシアターを演じる際に必要なものを紹介しています。なお、各パネルシアターの型紙はP.81以降にございます。また、「木」「草」「山」の共通して使用していただく型紙については、P.111にございます。

❸ しかけのある絵人形について、各しかけの作りかたを説明しています。

❹ ▶で始まる文章は、パネルシアターの具体的な動かしかたなどを解説しています。

❺ 保育者の子どもに対する言葉がけやセリフの具体例を記載しています。

❻ 歌の部分の歌詞を示しています。

❼ 歌を用いたパネルシアターでは、楽曲の楽譜を掲載し、すべて伴奏をつけています。また伴奏は、簡単で弾きやすく、なおかつ楽曲のよさを引き立てたアレンジになっています。

## ★パネルの作りかた

### 用意するもの

- 段ボール、スチロールパネル、ベニヤ板など
- パネル布
- はさみ、カッターなど
- ガムテープ

ここでは、パネルの基本的な作りかたをご説明いたします。

① タテ70〜80cm、ヨコ100〜110cmくらいの大きめの段ボール、またはスチロールパネル、ベニヤ板などを用意します。

② タテ・ヨコともに、①より10〜15cmくらい大きく切ったパネル布を用意します。

③ ②の上に①を乗せ、あまったパネル布を折り返して、ガムテープをはります。このとき、パネル布がピンと張るように、ぴっちりとめます。

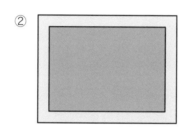
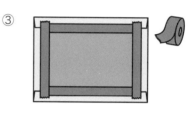

## ★舞台の作りかた

ここでは、パネルシアターを演じる際に使用する、舞台の基本的な作りかたをご説明いたします。

### 用意するもの

- 机、テーブルなど
- 大きめの積み木、レンガなど、パネルの支えになるもの
- ガムテープ

① 机やテーブルと、パネルを支える大きめの積み木やレンガなどを用意します。

② 机やテーブルにパネルを乗せ、積み木やレンガなどで支えて、数ヶ所をガムテープでとめて、固定します。

※なお舞台は、パネルシアター用のイーゼルを使ってもいいでしょう。

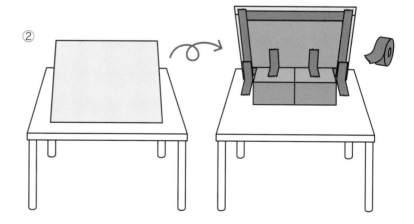

## ★絵人形の作りかた

用意するもの

- 型紙のコピー
- Pペーパー（パネルシアター用不織布）
- はさみ
- 鉛筆
- 水彩絵の具、またはポスターカラーなど
- 油性マジック
- 筆
- パレット

ここでは、絵人形の基本的な作りかたをご説明いたします。

① 型紙をお好みの大きさに拡大コピーします。

② Pペーパーの下に①を敷き、しっかり押さえながら、鉛筆で絵を写し取ります。

③ 水彩絵の具、またはポスターカラーなどで、②に色をつけます。

④ 乾いたら、輪郭線を油性マジックで縁取りします。

⑤ 形に添って、はさみで切り取ります。

①

②

③

④

⑤

できあがり！

## ★しかけなどについて

ここでは、絵人形の基本的なしかけについてご説明いたします。

### ★表裏のはり合わせ

表裏のある絵人形は、木工用ボンドではり合わせて、両面を使用します。

### ★切り込み

「切り込み線」が書かれている型紙には、切り込みを入れます。切り込みに別の絵人形を隠したり、取り出したりします。

### ★裏打ち

Pペーパー同士はくっつかないため、絵人形に別の絵人形をはる場合は、上からはる絵人形の裏にパネル布をつけて、裏打ちします。

### ★ポケット

絵人形にポケット部分を作り、別の絵人形を隠したり、取り出したりします。

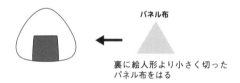

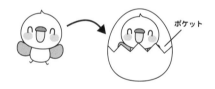

### ★糸づけ

絵人形の×の部分に糸をつけて、裏で糸止めし、糸の先には小さく切ったPペーパーをつけます。パネルに乗せた絵人形の糸を引っ張ることで、絵人形が動きます。

### ★糸止め

絵人形の×同士を糸止めします。パネル上で動かすと、まるで生きているかのような、不思議な動きになります。

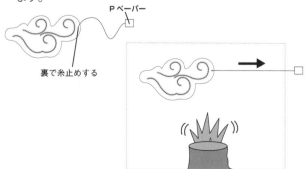

★歌って楽しむパネルシアター①

# ぞうさんのぼうし

ぞうさんが忘れていった大きな帽子に、こねこやこぶた、こだぬきなど、いろいろな動物が入っていきます。初めは1匹が入り、次第に数が増えていき、最後には帽子の中はギュウギュウに！帽子のポケットのしかけにそれぞれの動物を入れていき、パネルシアターならではの表現を楽しみましょう。

 ## 用意するもの　型紙は P.81-83

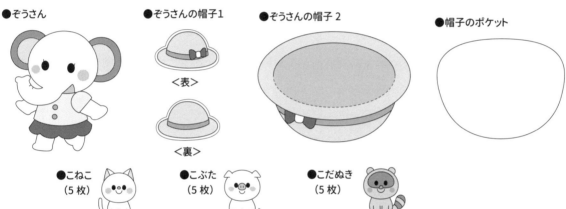

●ぞうさん
●ぞうさんの帽子1　<表> <裏>
●ぞうさんの帽子2
●帽子のポケット
●こねこ（5枚）
●こぶた（5枚）
●こだぬき（5枚）

 ## しかけの準備

① 「ぞうさんの帽子1」<裏>の裏側の上の方に木工用ボンドをつけて、「ぞうさんの帽子1」<表>と上の部分をはり合わせ、ぞうさんの頭にはさむようにしてかぶせます。

② 「ぞうさんの帽子2」の切り込み線に切り込みを入れます。

③ 「帽子のポケット」の下記のグレー部分に木工用ボンドをぬり、②の「ぞうさんの帽子2」の裏側にはり合わせます。

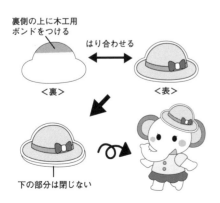

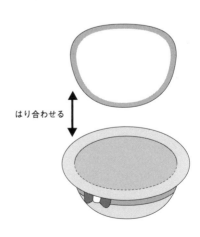

## あそびかた

**1**

▶「ぞうさん」の頭に「ぞうさんの帽子1」をかぶせて出し、

これは誰かな?

▶子どもたちの反応を受けて、

そうですね、ぞうさんですね。ぞうさんが素敵な帽子をかぶって、お散歩をしているようですよ。

▶「ぞうさん」を動かしながら、

ランラ、ランラ、ラン・・・。

**2**

すると、そこへ風が吹いてきました。ヒュ〜!

▶「ぞうさん」から「ぞうさんの帽子1」を外す。

あらあら、ぞうさんの帽子が、風で飛ばされてしまいました。
でも、ぞうさんは気づかずに、お散歩を続けて、どこかに行ってしまいました。

▶「ぞうさん」と「ぞうさんの帽子1」を下げる。

**3**

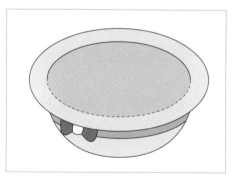

▶「ぞうさんの帽子2」を出す。

ぞうさんが忘れていった大きな帽子には、いろいろな動物たちが集まって来るみたいですよ。
じゃあ、みんなで「♪ぞうさんのぼうし」の歌を歌いましょう。

> ♪ ぞうさんが わすれていった
> おおきな おおきな ぼうし

**4**

▶「こねこ」をひとつ出し、「帽子のポケット」に入れる。

> ♪ こねこが はいって ニャン

**5**

▶「こねこ」をさらにひとつ出し、「帽子のポケット」に入れる。

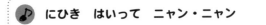
🎵 にひき　はいって　ニャン・ニャン

**6**

▶「こねこ」を2つ出し、「帽子のポケット」に入れる。

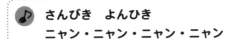
🎵 さんびき　よんひき
　　ニャン・ニャン・ニャン・ニャン

**7**

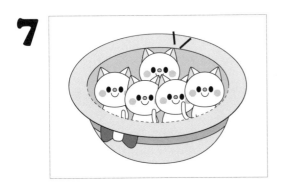

▶「こねこ」をさらにひとつ出し、「帽子のポケット」に入れる。

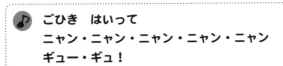
🎵 ごひき　はいって
　　ニャン・ニャン・ニャン・ニャン・ニャン
　　ギュー・ギュ！

あらあら、こねこが5匹も入って、ぞうさんの帽子の中は、ギュウギュウになっちゃいましたね。さて、今度は誰が来るのかな？

▶「こねこ」5つを「帽子のポケット」から出し、下げる。

**8**

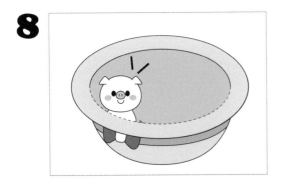

🎵 ぞうさんが　わすれていった
　　おおきな　おおきな　ぼうし

▶「こぶた」をひとつ出し、「帽子のポケット」に入れる。

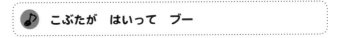
🎵 こぶたが　はいって　ブー

歌って楽しむパネルシアター①
## ぞうさんのぼうし

**9**

▶「こぶた」をさらにひとつ出し、「帽子のポケット」に入れる。

♪ にひき　はいって　ブー・ブー

**10**

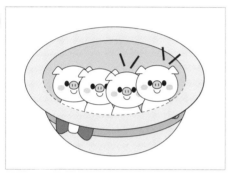

▶「こぶた」を2つ出し、「帽子のポケット」に入れる。

♪ さんびき　よんひき
　ブー・ブー・ブー・ブー

**11**

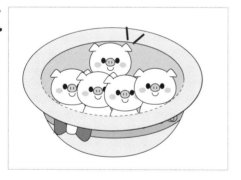

▶「こぶた」をさらにひとつ出し、「帽子のポケット」に入れる。

♪ ごひき　はいって
　ブー・ブー・ブー・ブー・ブー
　ギュー・ギュ！

あらあら、こぶたさんも5匹入って、ぞうさんの帽子の中は、ギュウギュウになっちゃいましたね。さて、今度は誰が来るのかな？

▶「こぶた」5つを「帽子のポケット」から出し、下げる。

**12**

♪ ぞうさんが　わすれていった
　おおきな　おおきな　ぼうし

▶「こだぬき」をひとつ出し、「帽子のポケット」に入れる。

♪ こだぬき　はいって　ポン

**13**

▶「こだぬき」をさらにひとつ出し、「帽子のポケット」に入れる。

> ♪ にひき　はいって　ポン・ポン

**14**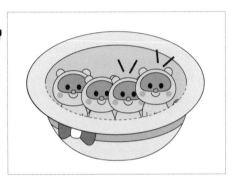

▶「こだぬき」を2つ出し、「帽子のポケット」に入れる。

> ♪ さんびき　よんひき
> ポン・ポン・ポン・ポン

**15**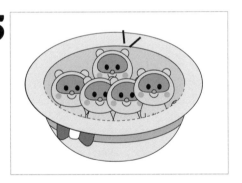

▶「こだぬき」をさらにひとつ出し、「帽子のポケット」に入れる。

> ♪ ごひき　はいって
> ポン・ポン・ポン・ポン・ポン
> ギュー・ギュ！
>
> ぞうさんが　わすれていった
> おおきな　おおきな　ぼうし

あらあら、こだぬきさんも5匹入って、ぞうさんの帽子の中は、ギュウギュウになっちゃいましたね。

でも、みんな、ぞうさんの大きな帽子に入って、とっても楽しそうでしたね。おしまい。

# ぞうさんのぼうし

作詞：遠藤幸三／作曲：中村弘明

★歌って楽しむパネルシアター②

# 犬のおまわりさん

「♪犬のおまわりさん」の歌をパネルシアターで表現します。こねこは、顔と胴体を糸止めし、迷子になって泣くところでは、顔を動かして、泣いている様子を表現します。また、犬のおまわりさんは、顔と胴体を別々の絵人形にしています。胴体に対して顔を自由な角度ではることで、こねこに尋ねるときなどの動きを演出します。また、こねこが泣き止まずに困った犬のおまわりさんは、笑顔から困った顔に変わります。

 **用意するもの**　 型紙は P.83-84

- ●こねこの顔
- ●犬のおまわりさんの顔1
- ●犬のおまわりさんの顔2
- ●おうち
- ●なまえ

- ●こねこの胴体
- ●犬のおまわりさんの胴体
- ●からす
- ●すずめ
- ●わからないマーク

 **しかけの準備**

① 「こねこの胴体」が後ろにくるようにして、「こねこの顔」の×を糸止めします。

② パネルにはった「犬のおまわりさんの胴体」に対して、「犬のおまわりさんの顔1」は、左右に向きを変えることができます。顔は角度をいろいろ変えて、動きを出します。

糸止めする

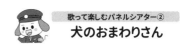

 あそびかた

**1**

▶「こねこ」を出して顔を動かし、

 おうちがわからなくなっちゃった。どうしよう・・・。
エーン、エーン・・・。

あらあら、こねこちゃんは、迷子になっちゃったみたいですね。
じゃあ、みんなで犬のおまわりさんを呼んで、助けてあげましょう。
みんなで一緒に、せーの！　「犬のおまわりさーん！」

**2**

▶「こねこ」をはり、「犬のおまわりさんの胴体」に「犬のおまわりさんの顔1」
をつけて出し、はる。

 はーい、お呼びですか。

迷子のこねこちゃんを助けてあげてください。

▶「犬のおまわりさんの顔1」を動かしながら、

 お安いご用ですよ。

**3**

じゃあ、みんなで「♪犬のおまわりさん」の歌を歌いましょう。

▶「犬のおまわりさんの顔1」を動かしながら、

 **まいごの　まいごの　こねこちゃん
あなたの　おうちは　どこですか**

**4**

▶「犬のおまわりさんの顔1」を胴体にはり、「おうち」を出してはる。
　続いて、「わからないマーク」を出してはる。

♪ **おうちをきいても　わからない**

▶「おうち」をパネルの上の方にはり、「わからないマーク」を下げる。
　「なまえ」を出してはる。続いて、「わからないマーク」を出してはる。

> 🎵 なまえをきいても　わからない

▶「なまえ」をパネルの上の方にはり、「わからないマーク」を下げる。
　「こねこ」の顔を動かし、

> 🎵 ニャンニャン　ニャンニャーン
> 　　ニャンニャン　ニャンニャーン
> 　　ないてばかりいる　こねこちゃん

▶「犬のおまわりさん1」の顔を、「犬のおまわりさんの顔2」に替えて動かす。

> 🎵 いぬのおまわりさん　こまってしまって
> 　　ワンワンワンワーン　ワンワンワンワーン

▶「犬のおまわりさんの顔2」を「犬のおまわりさんの顔1」に替える。

> 🎵 まいごのまいごの　こねこちゃん
> 　　このこのおうちは　どこですか

▶「からす」を出してはる。続いて、「わからないマーク」を出してはる。

> 🎵 からすにきいても　わからない

▶「からす」をパネルの上の方にはり、「わからないマーク」を下げる。
　「すずめ」を出してはる。続いて、「わからないマーク」を出してはる。

♪ すずめにきいても　わからない

▶「すずめ」をパネルの上の方にはり、「わからないマーク」を下げる。
　「こねこ」の顔を動かし、

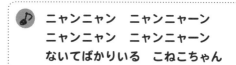

♪ ニャンニャン　ニャンニャーン
　 ニャンニャン　ニャンニャーン
　 ないてばかりいる　こねこちゃん

▶「犬のおまわりさん1」の顔を、「犬のおまわりさんの顔2」に替えて動かす。

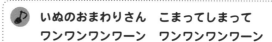

♪ いぬのおまわりさん　こまってしまって
　 ワンワンワンワーン　ワンワンワンワーン

あらあら、こねこちゃんは泣いてばかりで、犬のおまわりさんは困ってしまったみたいですね。
みんなも、迷子にならないように気をつけましょうね。

# 犬のおまわりさん

作詞：佐藤義美／作曲：大中 恩

★歌って楽しむパネルシアター③
# ふしぎなポケット

ポケットに、しかけのポケットを作り、「♪ふしぎなポケット」の歌に合わせて、ポケットをたたくたびにビスケットを出します。たたくたびにビスケットが増え、最後には、たくさんのビスケットが現れます。また発展的に、替え歌にして、ポケットをたたくとドーナツが現れるようにします。ドーナツは、いろいろな色でぬっても、子どもたちは喜ぶでしょう。

## 用意するもの  型紙は P.85-86

●ポケット1　　●ポケット1のポケット　　●ポケット2　　●ポケット2のポケット

●ビスケット（8枚）　　●ドーナツ（8枚）

## しかけの準備

① 「ポケット1のポケット」と「ポケット2のポケット」の下記グレー部分に木工用ボンドをぬり、「ポケット1」「ポケット2」と、それぞれはり合わせます。

② 「ポケット1」のポケットには、「ビスケット」8枚を、「ポケット2」のポケットにはドーナツ8枚をあらかじめ入れておきます。このとき、それぞれ5枚は重ねるようにして入れます。

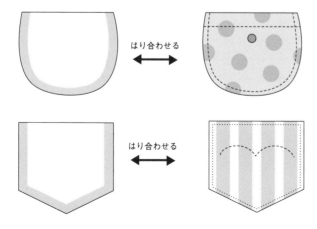
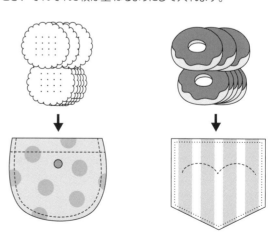

あそびかた

**1**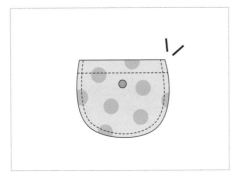

▶「ポケット1」を出してはる。

ここに、不思議なポケットがありますよ。たたくと、美味しいものが出てくるんだって。何が出てくるか、わかるかな？
じゃあ、みんなで「♪ふしぎなポケット」の歌を歌いましょう。

**2**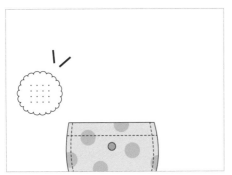

▶「ポケット1」をたたき、ポケットの中から「ビスケット」をひとつ取り出して、はる。

> ♪ ポケットの　なかには
>   ビスケットが　ひとつ

**3**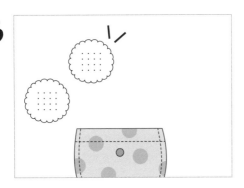

▶「ポケット1」をたたき、ポケットの中から「ビスケット」をもうひとつ取り出して、はる。

> ♪ ポケットを　たたくと
>   ビスケットは　ふたつ

**4**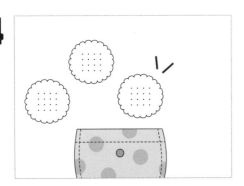

▶「ポケット1」をたたき、ポケットの中から「ビスケット」をまたひとつ取り出して、はる。

> ♪ もひとつ　たたくと
>   ビスケットは　みっつ

歌って楽しむパネルシアター③
## ふしぎなポケット

**5**

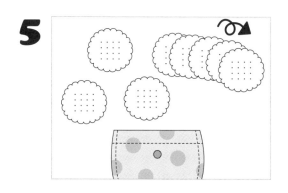

▶「ポケット1」をたたき、ポケットの中から「ビスケット」を5枚重ねて出し、指でずらしながら広げてはる（※重ねずらしの詳しいやりかたは、P.22に掲載しています）。

> ♪ たたいてみるたび
> ビスケットは　ふえる
> そんな　ふしぎな　ポケットが　ほしい
> そんな　ふしぎな　ポケットが　ほしい

**6**

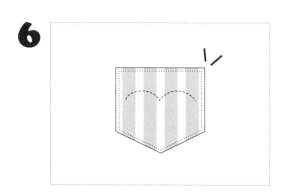

ビスケットがたくさん出てきましたね。
そんな不思議なポケット、みんなも欲しいよね〜。

▶「ポケット1」とビスケットをすべて下げ、「ポケット2」を出してはる。

さて、もうひとつ不思議なポケットがありますよ。
このポケットは、たたくとドーナツが出てくるんですって！
じゃあ、「♪ふしぎなポケット」の替え歌を一緒に歌ってみましょう。

**7**

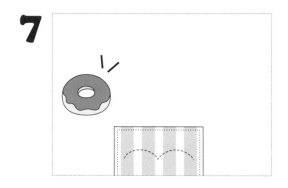

▶「ポケット2」をたたき、ポケットの中からドーナツをひとつ取り出して、はる。

> ♪ ポケットの　なかには
> ドーナツが　ひとつ

**8**

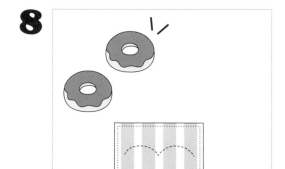

▶「ポケット2」をたたき、ポケットの中からドーナツをもうひとつ取り出して、はる。

> ♪ ポケットを　たたくと
> ドーナツは　ふたつ

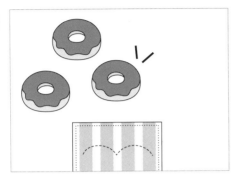 

▶「ポケット2」をたたき、ポケットの中から「ドーナツ」をまたひとつ取り出して、はる。

> ♪ もひとつ たたくと
> 　ドーナツは みっつ

 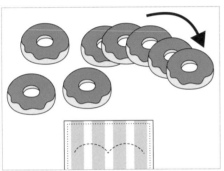 

▶「ポケット2」をたたき、ポケットの中から「ドーナツ」を5枚重ねて出し、指でずらしながら広げてはる。

> ♪ たたいてみるたび
> 　ドーナツは ふえる
> 　そんな ふしぎな ポケットが ほしい
> 　そんな ふしぎな ポケットが ほしい

ドーナツがたくさん出てきましたね。
そんな不思議なポケットがあったらいいですね〜。

### 重ねずらしのやりかた

P.21の **5** で5枚の「ビスケット」を指でずらすように広げてはるやりかたをご紹介します。

1. 5枚の「ビスケット」を手でかくすように重ねて持ち、パネルに置きます。

2. 指を横向きにして、強く押しつけずにゆっくり横にずらしていきます。

  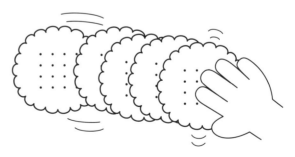

# ふしぎなポケット

作詞：まど・みちお／作曲：渡辺 茂

※（ ）内は替え歌です。

★歌って楽しむパネルシアター④

# まあるいたまご

「♪まあるいたまご」の歌に合わせて、たまごがひびわれると、中からひよこが現れるパネルシアターです。アレンジバージョンとして、小さなたまごからはアリが現れ、大きなたまごからはかいじゅうが現れます。なお、ヘビのたまごは黒く色をつけましょう。「このたまごは何のたまごかな?」「どんな生き物が現れるのかな?」などと問いかけながら進めると、子どもたちはワクワク感いっぱいで、盛り上がるでしょう。

 **用意するもの** 型紙は P.86-87

 **しかけの準備**

① 「ひよこのたまご」<裏>の切り取り線を切ります。下部分の裏側のグレー部分に木工用ボンドをつけ、「ひよこのたまご」<表>の裏側の下部分とはり合わせ、ポケット状にします。

② ①で切った「ひよこのたまご」<裏>の上部分より小さく切ったパネル布をはり、裏打ちします。

③ ①でできたたまごのポケットに「ひよこ」を入れ、②の「ひよこのたまご」<裏>の上部分をはり合わせて、「ひよこ」を隠します。

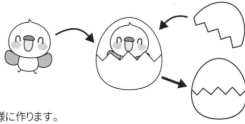

④ 「アリのたまご」「かいじゅうのたまご」「ヘビのたまご」も同様に作ります。

# あそびかた

## 1

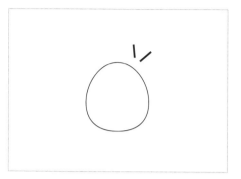

▶「ひよこのたまご」(表)を出して見せ、

これは、何のたまごだと思う?

## 2

▶ 子どもの反応を受けて、

じゃあ、「♪まあるいたまご」の歌を歌ってみましょう。
何のたまごかわかるよ。

▶「ひよこのたまご」を裏がえし、「♪パチンとわれて」で、上のひびを開き、下げる。

> ♪ **まあるい　たまごが
> パチンと　われて**

## 3

▶ 中から「ひよこ」を取り出し、動かしてはる。

> ♪ **なかから　ひよこが
> ピヨピヨピヨ
> まあ　かわいい
> ピヨピヨピヨ**

## 4

ひよこのたまごでしたね。

▶「ひよこのたまご」と「ひよこ」を下げて、「アリのたまご」(表)を出して見せ、

じゃあ、これは何のたまごかな?
ちょっと小さいたまごですね。

**5**

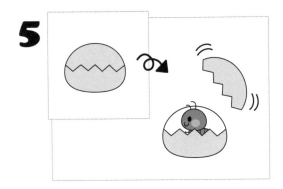

じゃあ、また歌ってみましょう。

▶「アリのたまご」を裏がえし、「まあるいたまご」の2番（替え歌）を歌う。
「♪パチンとわれて」で、上のひびを開き、下げる。

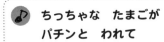
♪ ちっちゃな　たまごが
　　パチンと　われて

**6**

▶ 中から「アリ」を取り出し、動かしてはる。

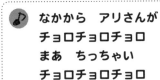
♪ なかから　アリさんが
　　チョロチョロチョロ
　　まあ　ちっちゃい
　　チョロチョロチョロ

**7**

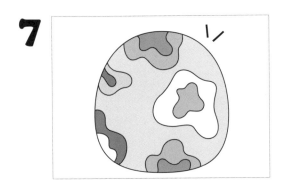

小さいたまごは、アリさんのたまごでしたね。

▶「アリのたまご」と「アリ」を下げて、「かいじゅうのたまご」（表）を見せ、

じゃあ、これは何のたまごだと思う？
今度は、大きくて、模様があるたまごですね。
どんな生き物が現れるのかな？

**8**

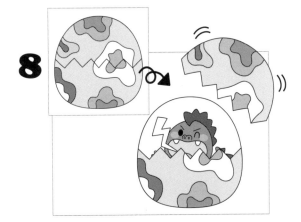

じゃあ、また歌ってみましょう。

▶「かいじゅうのたまご」を裏がえし、「まあるいたまご」の3番（替え歌）を歌う。「♪ドカンとわれて」で、上のひびを開き、下げる。

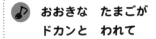
♪ おおきな　たまごが
　　ドカンと　われて

歌って楽しむパネルシアター④
# まあるいたまご

▶ 中から「かいじゅう」を取り出し、動かしてはる。

なかから　かいじゅうが
ガオガオガオ
まあ　つよい
ガオガオガオ

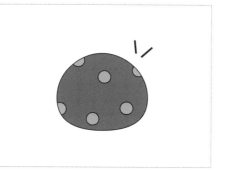

大きくて模様のあるたまごは、かいじゅうのたまごでしたね。

▶「かいじゅうのたまご」と「かいじゅう」を下げて、「ヘビのたまご」（表）を見せ、

じゃあ、これは何のたまごだと思う？
今度は、黒いたまごですね。

じゃあ、また歌ってみましょう。

▶「ヘビのたまご」を裏がえし、「まあるいたまご」の4番（替え歌）を歌う。「♪ブシュッとわれて」で、上のひびを開き、下げる。

くろい　たまごが
ブシュッと　われて

▶ 中から「ヘビ」を取り出し、動かしてはる。

なかから　ヘビが
ニョロニョロニョロ
まあ　こわい
ニョロニョロニョロ

黒いたまごは、ヘビのたまごでしたね。
いろいろなたまごから、いろいろな生き物が現れましたね。

# まあるいたまご

作詞／作曲：不詳

※２～４番は替え歌です。

★歌って楽しむパネルシアター⑤

# おべんとうばこのうた

「♪おべんとうばこのうた」の歌に合わせて、お弁当箱におにぎりや、きざみしょうが、にんじん、さくらんぼなどのおかずを入れていき、おいしそうなお弁当を完成させます。手あそび歌として子どもたちに人気の歌をパネルシアターで展開します。パネルシアターを行う前か後に、この歌の手あそびをすると、子どもたちは、より楽しめるでしょう。また発展的に、子どもたちにお弁当のおかずは何が好きかを聞いても楽しいでしょう。

## 用意するもの
型紙は P.88-89

●おべんとうばこ　●おにぎり（2枚）　●きざみしょうが　●ごましお　●にんじん　●さくらんぼ　●しいたけ　●ごぼう　●れんこん　●ふき　●はし　●フォーク　●カップ

## しかけの準備

「おにぎり」（2枚）「きざみしょうが」「にんじん」「さくらんぼ」「しいたけ」「ごぼう」「れんこん」「ふき」に、それぞれの大きさより小さく切ったパネル布をはり、裏打ちします。

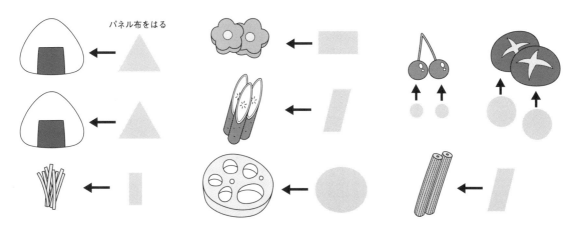

パネル布をはる

## あそびかた

**1**

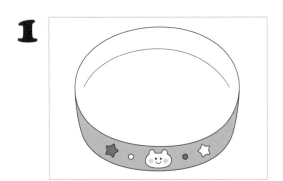

今日は、おいしいお弁当を作るよ。どんなお弁当かな?
じゃあ、みんなで「♪おべんとうばこのうた」を歌ってみましょう。

▶「おべんとうばこ」を出してはる。

♪ これくらいの おべんとうばこに

**2**

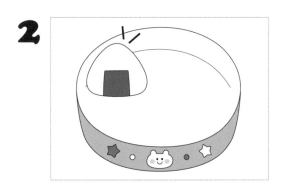

▶「おにぎり」を出して、「おべんとうばこ」の中にはる。

♪ おにぎり

**3**

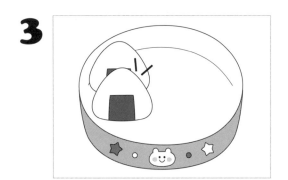

▶ もうひとつ「おにぎり」を出して、「おべんとうばこ」のおにぎりの近くにはる。

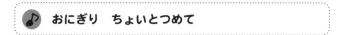
♪ おにぎり ちょいとつめて

**4**

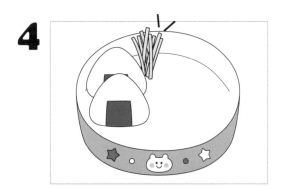

▶「きざみしょうが」を出して、「おべんとうばこ」の中にはる。

♪ きざみしょうがに

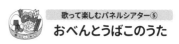

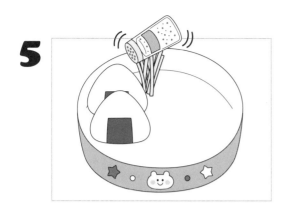

▶「ごましお」を出して、「おべんとうばこ」の中の「おにぎり」にふりかける真似をし、下げる。

♪ ごましお　ふって

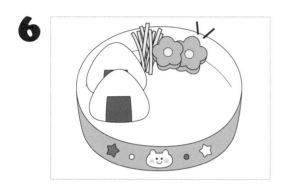

▶「にんじん」を出して、「おべんとうばこ」の中にはる。

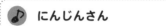

♪ にんじんさん

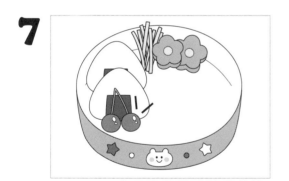

▶「さくらんぼ」を出して、「おべんとうばこ」の中にはる。

♪ さくらんぼさん

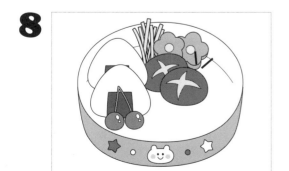

▶「しいたけ」を出して、「おべんとうばこ」の中にはる。

♪ しいたけさん

**9**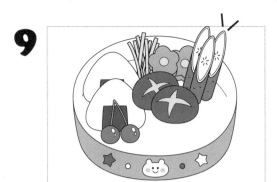

▶「ごぼう」を出して、「おべんとうばこ」の中にはる。

> 🎵 ごぼうさん

**10**

▶「れんこん」を出して、「おべんとうばこ」の中にはる。

> 🎵 あなの あいた れんこんさん

**11**

▶「ふき」を出して、「おべんとうばこ」の中にはる。
　また、「フォーク」と「はし」、「カップ」を「おべんとうばこ」の横にはる。

> 🎵 すじの とおった ふき

おいしそうなお弁当ができましたね！
みんなも、お弁当は好きかな？
お弁当のおかずは、何が好きかな？

▶ 子どもたちの反応を受けて、

そうだね。卵焼きもウインナーもミートボールも、みんなおいしいよね。先生も、大好きです。
じゃあ、これで「おべんとうばこのうた」のパネルシアターは、おしまい。

# おべんとうばこのうた

作詞：不詳／わらべうた

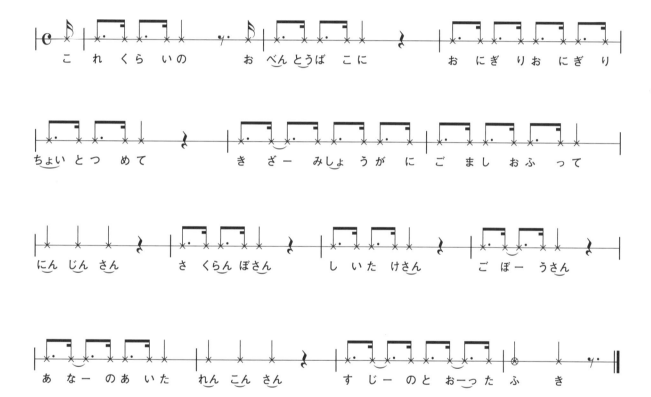

★名作を楽しむパネルシアター①

# 王様の耳はロバの耳

ポルトガルの童話「王様の耳はロバの耳」のお話をパネルシアターで演じます。いつも大きな帽子をかぶっている王様。その帽子のしかけを取ると、王様の耳は、なんとロバの耳でした。その秘密を知っているのは床屋だけです。その秘密を言いたくてしかたない床屋は、穴を掘って、穴の中に「王様の耳はロバの耳！」と叫びます。するとそこからアシが生え、風に乗ってそのうわさが町中に！ 穴からアシが生えるしかけや、風が動くしかけなどをパネルシアターで楽しみましょう。

## 用意するもの

型紙は P.90-91／【共通型紙素材】木、草：P.111

●王様　●床屋　●家来　●神父　●町の人たち　●穴

<表>　<裏>

●アシ

●王様の帽子　<表>　<裏>

●「おうさまのみみはロバのみみ」プレート（6枚）

おうさまのみみはロバのみみ

●スコップ　●風　●お城の窓

## しかけの準備

① 「王様の帽子」<裏>の裏側の上の方に木工用ボンドをつけて、「王様の帽子」<表>の上の部分をはり合わせ、王様の頭にはさむようにしてかぶせます。

<裏> はり合わせる <表>

下の方は閉じない

② 「穴」の後ろに「アシ」を隠します。

③ 「風」の×部分に糸を通して、裏で糸止めします。糸の先には小さく切ったPペーパーをつけておきます。

Pペーパー

裏で糸止めする

# あそびかた

## 1

▶ パネルの上の方に、「お城の窓」をはっておく。
　「王様」に「王様の帽子」をかぶせ、「王様」と「家来」を出してはり、

昔々、ある国に、とても立派な王様がいました。王様のおかげで国は栄え、その国の人たちは、みんな王様のことを尊敬していました。でも、王様には、誰にも言えない秘密があったのです。

 王様、もうすぐ床屋さんが来ますよ。その大きな帽子は、脱いでおいたらいかがですか？

 いや、床屋が来たら脱ぐからいいんじゃ。

## 2

そこへ、王様の髪を切りに、床屋さんがやって来ました。

▶「床屋」（表）を出して動かし、

 王様、髪を切りに参りました。

 おう、待っておったぞ。じゃあ、となりの部屋で切ってもらおう。家来よ、おまえは決して、髪を切るところを見てはならぬぞ。

王様はそう言うと、となりの部屋で床屋さんに髪を切ってもらうことにしました。

▶「王様」と「床屋」を下げる。

## 3

▶「家来」を動かしながら、

 王様は、どうしていつも、髪を切るところを見てはいけないと言うのだろう？　何か人には言えない秘密でもあるのだろうか？　うーむ・・・。

家来は、王様の秘密を知りませんでした。でも、床屋さんだけは、その秘密を知っていたのです。

▶「家来」と「お城の窓」を下げ、「王様」と「床屋」(表)を貼る。
　「王様」を動かし、「王様」から「王様の帽子」を外す。

となりの部屋では、床屋さんが王様の髪を切り終わったところでした。

 ああ、髪を切ってもらって、さっぱりした。床屋よ、わかっているだろうが、わしのこの耳のことは誰にも言ってはならぬぞ。もし誰かにしゃべったら、その命はないものと思え。

 重々、わかっております。王様の秘密は、決して誰にも言いません。

そうです。なんと王様の耳は、太くて大きなロバの耳だったのです。

▶「王様」と「床屋」を下げる。パネルに「木」をはり、「床屋」(裏)を出して動かし、

 ああ、口がむずむずする。誰にも言うなと言われると、ついつい誰かに言いたくなっちゃうんだよね。どうしたらいいだろう・・・。

お城からの帰り道です。床屋さんは、王様の秘密を誰かに言いたくて仕方ありませんでした。

そこへ、神父様が通りかかりました。

▶「神父」を出してはる。

床屋さんは、誰にも言えない秘密を持っていること、それを誰かに言いたくて仕方ないことを神父様に相談しました。すると、神父様は言いました。

 それなら、誰もいない場所に穴を掘って、その中へ、その秘密を何度も叫びなさい。そうすれば、きっと気持ちが楽になるでしょう。その後で、穴を埋めておけば、その秘密がもれることはないでしょう。

 なるほど！ 神父様、いいアドバイスをありがとうございます！ そうします！

▶「神父」「床屋」「木」を下げる。

名作を楽しむパネルシアター①
**王様の耳はロバの耳**

**7**

▶「穴」と「草」（2枚）、「床屋」（裏）、「スコップ」をはる。

床屋さんは、神父様に言われたように、誰もいない空き地へ行き、スコップで穴を掘りました。

▶「床屋」（裏）を「穴」に向けて動かしながら、

> よし、穴が掘れたぞ。じゃあ、叫ぶぞ！
> 王様の耳はロバの耳！
> 太くて大きなロバの耳！
> 誰も知らない王様の秘密。
> 王様の耳はロバの耳～!!
> あー、すっきりした！

床屋さんはそう言うと、穴を埋めて帰って行きました。

▶「床屋」（裏）が「スコップ」を動かす真似をして、「床屋」「スコップ」を下げる。

**8**

ところが、何日かすると、床屋さんが埋めた場所から、アシという植物が、ニョキニョキと生えてきました。

▶「穴」の後ろに隠してあった「アシ」を少しずつ上に出す。

すると、アシがささやいたのです。

▶「おうさまのみみはロバのみみ」プレートを出してはり、「アシ」を動かしながら、ささやくように、

> 王様の耳は、ロバの耳、
> 王様の耳は、ロバの耳・・・。

▶「おうさまのみみはロバのみみ」プレートを下げる。

**9**

そこへ、強い風が吹いてきました。

▶「風」をパネルの左側にはり、糸のしかけを横から動かしながら、

> ヒューヒュー、ヒューヒュー・・・。

すると、アシが大きく揺れて、歌い出しました。

>  おうさまの みみは ロバの みみ
> ふとくて おおきな ロバの みみ
> だれも しらない おうさまの ひみつ（ひみつ）
> おうさまの みみは ロバの みみ
> ながくて おおきな ロバの みみ

▶「おうさまのみみはロバのみみ」プレートを5枚重ねて出し、指でずらしながら広げてはる。「風」を下げる。

そこへ、町の人たちが通りかかりました。

▶「町の人たち」を出して動かし、

「ねえねえ、聞いた？　王様の耳はロバの耳だって！」
「聞いた、聞いた！　そういえば、王様はいつも大きな帽子をかぶっていて、耳を見たことがないよね。」
「じゃあ、きっと本当なんだね！」
「それは、すごいニュースだね！　みんなに教えてあげなくちゃ！」

そうして、王様の秘密は、あっという間に知れ渡ってしまいました。
そのうわさは、お城にも届いてしまいました。

▶「穴」「アシ」「草」「町の人たち」「おうさまのみみはロバのみみ」プレートを下げる。

▶「お城の窓」をパネルの上の方にはり、「家来」と「床屋」（表）をはる。

お城では、家来が床屋さんを呼び出して聞きました。

あのうわさは、本当なのか？
床屋さんなら知っているでしょう？

あの、その・・・。実は、本当なんです。

やっぱり・・・。

でも、王様がロバの耳だっていいじゃないですか！
きっと、みんなの声がよく聞こえるように、太くて大きな耳になったんですよ。

そこへ、王様がやって来ました。

▶「王様」に「王様の帽子」をかぶせ、出してはる。

王様、私のせいで、王様の秘密がみんなにばれてしまいました。どうか、お許しください。私はもう、殺されても構いません。

いやいや、秘密にしていたわしが悪いのじゃ。お前には、辛い思いをさせてしまった。これからは、堂々と耳を見せるよ。

王様は、そう言うと帽子を脱ぎました。　▶「王様」から、「王様の帽子」を外す。

それからというもの、王様はもう、帽子で耳を隠すことはありませんでした。その大きな耳は、かっこよくて素敵だと、みんなの評判になりました。王様は、大きな耳で、みんなの話をよく聞いて、国はますます栄えたそうですよ。そして、みんないつまでも幸せに暮らしたそうです。めでたし、めでたし。

# 王様の耳はロバの耳

作詞／作曲：井上明美

★名作を楽しむパネルシアター②
# 大きなかぶ

子どもたちに人気のロシア民話「大きなかぶ」のお話をパネルシアターで演じます。おじいさんとおばあさんが育てたかぶは、大きく成長します。かぶを抜く場面では、子どもたちと一緒に、「よいしょ、こらしょ、よいこらしょ！」とリズミカルにかけ声をかけながら、保育者の方が抜く動作を大げさに表現すると、盛り上がるでしょう。また、かぶが抜ける場面では、ひとつにつながっていた登場人物をバラバラにして、大きなかぶを勢いよく畑から登場させると、おもしろいでしょう。

## 用意するもの

型紙は P.92-93／【共通型紙素材】山：P.111

●畑　●おじいさん　●おばあさん　●お父さん　●お母さん　●かぶのごちそう

●大きなかぶ　●かぶの葉　●子ども　●イヌ　●ネコ　●ネズミ

## しかけの準備

① 「畑」の切り込み線に切り込みを入れます。

② 「大きなかぶ」が「かぶの葉」の後ろにくるようにして、「かぶの葉」の×を糸止めします。「かぶの葉」を回転させた状態で、畑の中に隠しておきます。

糸止めする

「かぶの葉」を回転させた状態で隠す

③ 「畑」の後ろに「大きなかぶ」を隠しておき、「かぶの葉」を出すときは、「畑」の切り込み線から出します。

「かぶの葉」を出す

名作を楽しむパネルシアター②
**大きなかぶ**

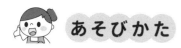

## 1

▶ パネルの右上の方に、「山」をはっておく。
左に「畑」をはり、畑の後ろに「大きなかぶ」を隠してはっておく。畑の右に「おじいさん」と「おばあさん」をはる。

あるところに、働き者のおじいさんとおばあさんがいました。
今日は、畑にかぶの種をまいたようですよ。

▶「おじいさん」と「おばあさん」を動かし、

 よし、かぶの種がまけたぞ。
毎日世話をして、大切に育てよう。

 そうしましょう。甘くておいしいかぶになりますように！

## 2

▶「おじいさん」と「おばあさん」を下げる。

そして、おじいさんとおばあさんは、来る日も来る日も水をあげて、一生懸命世話をしました。

すると、かぶはぐんぐん育って、とても大きなかぶになりました！

▶「かぶの葉」を「畑」の切り込み線から出す。

## 3

そこへ、おじいさんとおばあさんがやって来ました。

▶「おじいさん」と「おばあさん」を出して動かし、

 なんとまあ、見事なかぶになったぞ！

 嬉しいですね！

▶「おじいさん」を「かぶの葉」につけるようにはる。
保育者は、かぶを抜く真似をしながら、

 よし、では抜いてみよう！
よいしょ、こらしょ、よいこらしょ！

 ダメだ、抜けないなあ。

# 4

 じゃあ、私も手伝いますよ。　 よし、じゃあ一緒に抜こう。

▶「おじいさん」の後ろに「おばあさん」をはる。保育者は、かぶを抜く真似をしながら、

 よいしょ、こらしょ、よいこらしょ！
・・・まだ抜けないなあ。

 じゃあ、誰か手伝ってくれる人を呼んで来ましょう。

▶「おばあさん」を下げる。

# 5

おばあさんは、そう言うと、お父さんとお母さんを連れて来ました。

▶「おばあさん」「お父さん」「お母さん」を出し、「お父さん」を動かして、

 抜けないほど大きなかぶというのは、あれのことだね。

 よし、じゃあ一緒に抜こう。

▶「おじいさん」の後ろに「おばあさん」「お父さん」「お母さん」を順番にはる。保育者は、かぶを抜く真似をしながら、

 よいしょ、こらしょ、よいこらしょ！

それでも、やっぱりまだかぶは抜けません。

 じゃあ、誰か手伝ってくれる人を呼んで来るわ。

▶「お母さん」を下げる。

#

お母さんは、そう言うと、子どもを連れて来ました。

▶「お母さん」「子ども」を出し、「子ども」を動かして、

 抜けないほど大きなかぶというのは、あれのことだね。

 よし、じゃあ一緒に抜こう。

▶「お父さん」の後ろに「お母さん」「子ども」を順番にはる。保育者は、かぶを抜く真似をしながら、

 よいしょ、こらしょ、よいこらしょ！

それでも、やっぱりまだかぶは抜けません。

 じゃあ、誰か手伝ってくれる人を呼んで来るよ！

▶「子ども」を下げる。

## 7

子どもは、そう言うと、イヌを連れて来ました。

▶「子ども」「イヌ」を出し、「イヌ」を動かして、

 抜けないほど大きなかぶというのは、あれのことだワン！

 よし、じゃあ一緒に抜こう。

▶「お母さん」の後ろに「子ども」「イヌ」を順番にはる。保育者は、かぶを抜く真似をしながら、

 よいしょ、こらしょ、よいこらしょ！

それでも、やっぱりまだかぶは抜けません。

 じゃあ、誰か手伝ってくれる人を呼んで来るワン！

▶「イヌ」を下げる。

## 8

イヌは、そう言うと、ネコを連れて来ました。

▶「イヌ」「ネコ」を出し、「ネコ」を動かして、

 抜けないほど大きなかぶというのは、あれのことだニャン！

 よし、じゃあ一緒に抜こう。

▶「子ども」の後ろに「イヌ」「ネコ」を順番にはる。保育者は、かぶを抜く真似をしながら、

 よいしょ、こらしょ、よいこらしょ！

それでも、やっぱりまだかぶは抜けません。

 じゃあ、誰か手伝ってくれる人を呼んで来るニャン！

▶「ネコ」を下げる。

## 9

ネコは、そう言うと、ネズミを連れて来ました。

▶「ネコ」「ネズミ」を出し、「ネズミ」動かして、

 抜けないほど大きなかぶというのは、あれのことだチュウ！

 よし、じゃあ一緒に抜こう。

▶「イヌ」の後ろに「ネコ」「ネズミ」を順番にはる。保育者は、かぶを抜く真似をしながら、

 よいしょ、こらしょ、よいこらしょ！

それでも、やっぱりまだかぶは抜けません。

 もう一回、やってみようチュウ！
じゃあ、今度は歌いながら抜いてみようチュウ！

**10**

▶ 保育者は、歌いながらかぶを抜く真似をする。

> ♪ よいしょ　こらしょ　よいこらしょ
> おおきな　かぶよ　ぬけとくれ
> ぬけたら　おいしく　たべましょう
> みんなで　なかよく　たべましょう
> よいしょ　こらしょ　よいこらしょ
> おおきな　かぶよ　ぬけとくれ

みんなは、歌いながら一生懸命かぶを抜こうとしました。
すると、どうでしょう！

**11**

▶「大きなかぶ」を畑の切り込み線から出し、かぶを抜いた勢いをイメージして、全員をバラバラにする。

ついに、かぶは抜けました。

 やったー！ ついにかぶが抜けたぞ！

 なんて、大きなかぶなんでしょう！

 やったー！

かぶが抜けて、みんな大喜びです。

 じゃあ、このかぶでいろいろなお料理を作って、みんなで食べましょう。

**12**

▶「大きなかぶ」「畑」「山」を下げ、「かぶのごちそう」を出してはり、登場人物のパネルをそのまわりにはる。

そして、おばあさんは、いろいろなかぶのお料理を作りました。
テーブルには、かぶのごちそうがたくさん並んでいます。
かぶのスープにかぶのサラダ、かぶのソテーにかぶのピザ。
とってもおいしそうにできました！

 さあ、かぶのお料理ができましたよ。

そうして、みんなでかぶのお料理をおいしく食べたそうですよ。
よかったね！

# 大きなかぶ

作詞／作曲：井上明美

★ 名作を楽しむパネルシアター③

# にんじんごぼうだいこん

日本のお話「にんじんごぼうだいこん」をパネルシアターで楽しく演じます。どろだらけのにんじん、ごぼう、だいこんがお風呂に入ります。ごぼうは熱くてすぐに飛び出してしまいます。だいこんはお風呂から出ると体を洗ってきれいになって真っ白に。にんじんは、熱いのを我慢していつまでも入っていたら、真っ赤にのぼせてしまいました。にんじんが赤くて、ごぼうが茶色く、だいこんが白いわけをユーモラスに楽しみます。

## 用意するもの　型紙は P.94-96

●にんじん　　　●ごぼう　　　　　●だいこん　　　　●お風呂
<表>　<裏>　<表>　<裏>　　<表>　<裏>

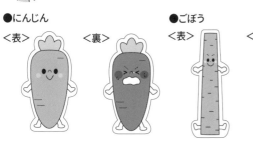 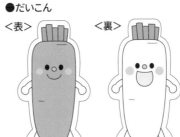 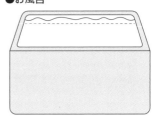

●泡　　●ボディーソープ　●スポンジ　　　　　●お風呂のポケット
　　　　　　　　　　　　　　　●シャワー

## しかけの準備

① 「お風呂」の切り込み線に切り込みを入れます。

② 「お風呂のポケット」の下記のグレー部分に木工用ボンドをぬり、「お風呂」とはり合わせます。

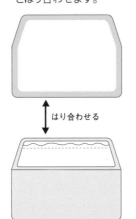

はり合わせる

③ 「にんじん」<表>、「ごぼう」<表>、「だいこん」<表> を茶色くぬります。また「にんじん」<裏> は葉を緑にぬり、根の部分は赤くぬります。「ごぼう」<裏> は茶色くぬります。「だいこん」<裏> は葉を緑にぬり、根の白い部分は白いままにします。

<表>　　　　　　　　　　　　<裏>

  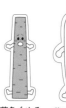 

全て茶色くぬる　　葉は緑に、根の部分は赤くぬる　茶色くぬる　葉は緑に、根の部分は白いまま

④ 「泡」より小さく切ったパネル布をはり、裏打ちします。

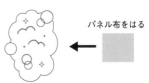

パネル布をはる

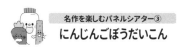

 あそびかた

## 1

▶「にんじん」（表）、「ごぼう」（表）、「だいこん」（表）を出してはる。

にんじん、ごぼう、だいこんは土の中で育ちますね。あるとき、土から出たばかりのにんじんさん、ごぼうさん、だいこんさんがいました。

▶「にんじん」（表）を動かし、

 お風呂に入って、土をきれいに落としましょう。

▶「ごぼう」（表）、「だいこん」（表）を動かし、

 そうしよう、そうしよう！

## 2

そして、にんじんさん、ごぼうさん、だいこんさんは、お風呂に入ることにしました。

▶「お風呂」を出し、「にんじん」（表）、「ごぼう」（表）、「だいこん」（表）を「お風呂のポケット」に入れる。

みんな、お風呂に入って気持ちよさそうですね。

▶「にんじん」（表）を動かし、

 ああ、気持ちいい！

▶「ごぼう」（表）を動かし、

 でも、ちょっと熱くない？

## 3

 あ〜、もうダメ！ 熱くて我慢できないや！

▶「ごぼう」（表）を「お風呂」のポケットから出して裏がえし、慌てるように動かす。

あらあら、ごぼうさんは、よっぽど熱かったようで、すぐにお風呂を飛び出してしまいましたね。

だから、体の土は取れませんでしたね。

▶「ごぼう」（裏）を下げる。

▶「だいこん」(表)を「お風呂」のポケットから出して、はる。

 さーて、そろそろ体を洗おうっと！

だいこんさんは、体を洗うようですよ。

 スポンジにボディーソープをつけて・・・。

▶「ボディーソープ」と「スポンジ」を出し、「スポンジ」に「ボディソープ」をつける真似をする。

 ゴシゴシ・・・。

▶「ボディーソープ」をはり、「スポンジ」を「だいこん」(表)に近づけて、動かす。

だいこんさんは、ボディソープで体をゴシゴシこすりました。すると、体はアワアワになりました。

▶「スポンジ」をはり、「泡」を出して「だいこん」(表)にはる。

 アワアワになったぞ！

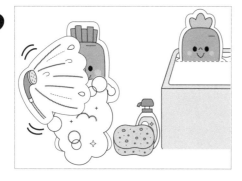

 じゃあ、シャワーで洗い流そう！

▶「シャワー」を出し、「だいこん」(表)がシャワーを持って、自分の体に向けるように動かす。

だいこんさんは、体についたアワアワをシャワーで洗い流しました。すると・・・。

**7**

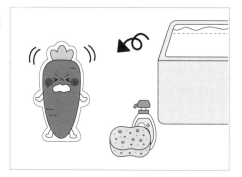

▶「シャワー」と「泡」を下げ、「だいこん」(表)を裏がえして動かし、

 わーい、きれいになったぞ！

だいこんさんは、真っ白な体になって、きれいになりました！

**8**

▶「だいこん」(裏)を下げる。

にんじんさんは、まだお風呂に入っていますね。でも・・・、

 ダメだ！　もう我慢できない！
あっちっち〜！

▶「にんじん」(表)を「お風呂」のポケットから出して裏がえし、慌てるように動かす。

あらあら、にんじんさんは我慢してずっとお風呂に入っていたら、のぼせて真っ赤っ赤になっちゃいましたね。

▶「にんじん」を下げる。

**9**

▶「スポンジ」「ボディーソープ」「お風呂」を下げ、「にんじん」(裏)、「ごぼう」(裏)、「だいこん」(裏)を出してはる。

> ♪　にんじん　ごぼう　だいこん
> 　　みんなで　おふろに　はいったよ
> 　　ごぼうは　すぐに　とびだして
> 　　ちゃいろい　すがたの　ままだよ
> 　　だいこんは　からだを　あらい
> 　　しろく　きれいに　なりました
> 　　にんじんは　まっかになるまで
> 　　おふろで　がまんしてました
> 　　にんじん　ごぼう　だいこんの　いろは
> 　　そんな　りゆうが　ありました

にんじんが赤くて、ごぼうが茶色くて、だいこんが白いのは、そんな理由からかもしれませんね。おしまい。

# にんじんごぼうだいこん

作詞／作曲：井上明美

★名作を楽しむパネルシアター④
# ブレーメンの音楽隊

グリム童話の「ブレーメンの音楽隊」です。登場人物のロバ、イヌ、ネコ、ニワトリ、どろぼうは、絵人形の表と裏で表情がガラリと変わります。ロバたちは、飼い主に捨てられてしょんぼりしている声から、ブレーメンに行こうと思い立ち、一転して元気になる様子を大げさに演じましょう。また、どろぼうは、少し低めの悪びれた声で演じるとおもしろいでしょう。なお、どろぼうの家は、窓を切り抜き、家の中にそれぞれの登場人物が入れるようになっています。

 **用意するもの**　　型紙は **P.96-97**／【共通型紙素材】木、草、山：P.111

 **しかけの準備**

①「どろぼうの家」の切り取り線を切り取ります。

② ①の「どろぼうの家」の切り取った窓の部分に、「どろぼう」や「ロバ」〈裏〉、「イヌ」〈裏〉、「ネコ」〈裏〉、「ニワトリ」〈裏〉などをはります。

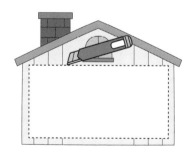
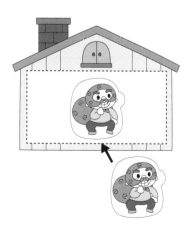
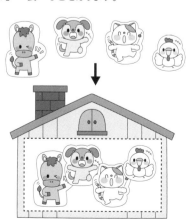

 あそびかた

**1**

▶ パネルの上の方に、「木」「草」をはっておく。

あるところに、元気のないロバがいました。

▶「ロバ」(表)を出して動かし、

 年をとって荷物を運べなくなったから、お払い箱なんて、ひどいよ。これからどうしよう・・・。

ロバは、どうやら飼い主に捨てられてしまったみたいですね。

▶「ロバ」(表)をはる。

**2**

▶「ロバ」(表)を裏がえして動かし、

 あっ、そうだ！ ブレーメンに行こう！ブレーメンに行って音楽隊に入ったら、きっと楽しいぞ！

ロバは、ブレーメンというところに行って、音楽隊に入ることにしました。

**3**

▶「ロバ」(裏)をはる。

そこへ、元気のないイヌがやって来ました。

▶「イヌ」(表)を出して動かし、

 年をとって走れなくなったから、お払い箱なんて、ひどいよ。これからどうしよう・・・。

イヌも、どうやら飼い主に捨てられてしまったみたいですね。

▶「イヌ」(表)をはる。

## 4

すると、ロバが、しょんぼりしているイヌに近づいて言いました。

▶「ロバ」（裏）を「イヌ」（表）に近づけて動かし、

 ねえ、もしよかったら、ぼくと一緒にブレーメンに行かない？

 ブレーメン？

 うん。ブレーメンに行って、音楽隊に入るんだ。

▶「イヌ」（表）を裏がえして動かし、

 それはいい考えだね！

## 5

ロバとイヌは、一緒にブレーメンに行くことになりました。

▶「ロバ」（裏）と「イヌ」（裏）をはる。

そこへ今度は、元気のないネコがやって来ました。

▶「ネコ」（表）を出して動かし、

 年をとってネズミを捕れなくなったから、お払い箱なんて、ひどいよ。これからどうしよう・・・。

ネコも、どうやら飼い主に捨てられてしまったみたいですね。

▶「ネコ」（表）をはる。

## 6

すると、イヌが、しょんぼりしているネコに近づいて言いました。

▶「イヌ」（裏）を「ネコ」（表）に近づけて動かし、

 ねえ、もしよかったら、ぼくたちと一緒にブレーメンに行かない？

 ブレーメン？

 うん。ブレーメンに行って、音楽隊に入るんだ。

▶「ネコ」（表）を裏がえして動かし、

 それはいい考えだね！

## 7

そして、ネコも一緒にブレーメンに行くことになりました。

▶「イヌ」(裏)と「ネコ」(裏)をはる。

そこへ今度は、元気のないニワトリがやって来ました。

▶「ニワトリ」(表)を出して動かし、

 年をとって卵を産めなくなったから、スープにされちゃうなんて、ひどいよ。これからどうしよう・・・。

ニワトリも、どうやら飼い主に捨てられてしまったみたいですね。

▶「ニワトリ」(表)をはる。

## 8

すると、ネコが、しょんぼりしているニワトリに近づいて言いました。

▶「ネコ」(裏)を「ニワトリ」(表)に近づけて動かし、

 ねえ、もしよかったら、ぼくたちと一緒にブレーメンに行かない?

 ブレーメン?

 うん。ブレーメンに行って、音楽隊に入るんだ。

▶「ニワトリ」(表)を裏がえして動かし、

 それはいい考えだね!

## 9

そして、みんなでブレーメンに行くことになりました。

♪ ブレーメン ブレーメン みんなで いこう
おんがくたいに はいるんだ
がっきを ならして うたを うたうよ
おんがくたいは すばらしい

▶「ロバ」「イヌ」「ネコ」「ニワトリ」「木」「草」を一度下げる。

**10**

▶ パネルの上の方に「山」をはる。
「ロバ」（表）、「イヌ」（表）、「ネコ」（表）、「ニワトリ」（表）をひとつずつ出して動かしながら、はる。

 ブレーメンは、まだ遠いのかな？

 ずいぶん暗くなってきちゃったね。

 足がくたくた・・・。

 お腹もペコペコだよ・・・。

みんなは、ブレーメンを目指して歩き続けて、疲れ果てたようですね。

▶「ロバ」「イヌ」「ネコ」「ニワトリ」を一度下げる。

**11**

▶「どろぼうの家」を出してはり、窓の部分に「どろぼう」（表）をはる。
「ロバ」（裏）、「イヌ」（裏）、「ネコ」（裏）、「ニワトリ」（裏）を出してはる。

 あれっ、あそこに家が見えるぞ！
ちょっと行ってみよう。

▶「ロバ」（裏）、「イヌ」（裏）、「ネコ」（裏）、「ニワトリ」（裏）を「どろぼうの家」に近づけてはる。

**12**

▶「どろぼう」（表）を動かし、

 今日も宝石がたくさん盗めたな。
じゃあ今夜もごちそうをいただくとするか。
どろぼうはやめられないな。ワハハ・・・。

 どろぼうだって！　どうしよう・・・。

 でも、ごちそうを食べたいな・・・。

そして、みんなはいいことを考えました。

**13**

▶「ロバ」(裏)の上に「イヌ」(裏)、その上に「ネコ」(裏)、「ニワトリ」(裏)を重ねてはる。

ロバの上にイヌが乗り、その上にネコが乗り、さらにその上にニワトリが乗りました。おばけに扮したのです。

 おばけだぞ～！ 人間はいないか～。人間を食ってやる～！

**14**

窓の外でロバたちが重なっている姿が、どろぼうには、大きなおばけに見えました。そして、おばけの恐ろしい声をきいたどろぼうは、震え上がりました。

 な、なんだ！ お、おばけだ！ ギャーッ！

▶「どろぼう」(表)を裏がえし、慌てるように動かして、下げる。

どろぼうは、慌てて家を飛び出して、どこか遠くに逃げて行きました。

**15**

▶「ロバ」(裏)、「イヌ」(裏)、「ネコ」(裏)、「ニワトリ」(裏)を動かしながら、「どろぼうの家」の窓の部分にはる。

 やったー！ 大成功！

 じゃあ、ごちそうを食べよう！

 いただきま～す！

そう言うと、みんなは家の中に入り、お腹いっぱいごちそうを食べました。
そして、みんなはその家がとても気に入って、みんなで楽器を弾いたり歌を歌ったりしながら、そこでいつまでも幸せに暮らしたそうですよ。よかったね！

# ブレーメンに行こう！

作詞／作曲：井上明美

★生活を楽しむパネルシアター①

# うしろ姿はだあれ？

いろいろな動物のうしろ姿を見せて、しっぽの特徴などから、何の動物かをあてます。動物はそれぞれ胴体と頭を別々のパーツにして、胴体に対して顔を自由な位置にはれるようにして、動きを出します。まず、それぞれの動物のうしろ姿の胴体を見せ、その後に頭の部分も見せ、何の動物かわかったら、表にします。最後は、動物たちを近づけて首をとなりの動物に乗せ、みんな仲よしであることを伝えます。

## 用意するもの　型紙は P.98-100

|  | ●ネコ | ●ネコの胴体 | ●パンダ | ●パンダの胴体 | ●ブタ | ●ブタの胴体 | ●ウサギ | ●ウサギの胴体 |
|---|---|---|---|---|---|---|---|---|
| <表> |  |  |  |  |  |  |  |  |
| <裏> |  |  |  |  |  |  |  |  |

●ゾウ　<表>　　<裏>　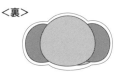　　●ゾウの胴体　<表>　　<裏>　

## しかけの準備

① 動物の絵人形は、それぞれの動物に見える色でぬります。

② それぞれの動物は、胴体に対して顔の向きを左右に変えて、動きを出します。

    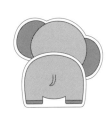

**あそびかた**

生活を楽しむパネルシアター①
**うしろ姿はだあれ？**

**1**

今日は、いろいろな動物たちのうしろ姿を見て、どんな動物かをあててもらいます。
まずは、これです。さて、これは誰かな？

▶「ネコの胴体」（裏）を出してはる。

**2**

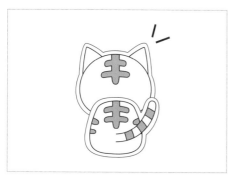

▶ 子どもの反応を受けて、「ネコ」（裏）を胴体の後ろにはる。

誰だろう？　ニャーンって鳴くんだって。

**3** ▶ 子どもたちの反応を受けて、「ネコの胴体」と「ネコ」を表にしてはる。

あたり〜！　ネコさんでした！

**4**

▶「ネコの胴体」（表）と「ネコ」（表）をパネルの下の方にはる。

じゃあ、これは誰だかわかるかな？

▶「パンダの胴体」（裏）を出してはる。

生活を楽しむパネルシアター

**5**

▶ 子どもの反応を受けて、「パンダ」(裏)を胴体の後ろにはる。

誰だろう？　白黒模様の動物みたいだね。

**6**

▶ 子どもたちの反応を受けて、「パンダの胴体」と「パンダ」を表にしてはる。

あたり〜！　パンダさんでした！

**7**

▶ 「パンダの胴体」(表)と「パンダ」(表)をパネルの下の方にはる。

じゃあ、これは誰だかわかるかな？

▶ 「ブタの胴体」(裏)を出して見せ、

**8**

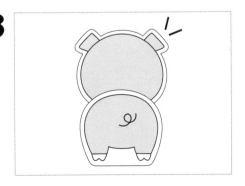

▶ 子どもの反応を受けて、「ブタ」(裏)を胴体の後ろにはる。

誰だろう？　ブヒブヒって鳴くんだって。

生活を楽しむパネルシアター①
# うしろ姿はだあれ？

**9** ▶子どもたちの反応を受けて、「ブタの胴体」と「ブタ」を表にしてはる。

あたり～！　ブタさんでした！

**10** ▶「ブタの胴体」（表）と「ブタ」（表）をパネルの下の方にはる。

じゃあ、これは誰だかわかるかな？

▶「ウサギの胴体」（裏）を出してはる。

**11** ▶子どもの反応を受けて、「ウサギ」（裏）を胴体の後ろにはる。

誰だろう？　耳の長い動物みたいだね。

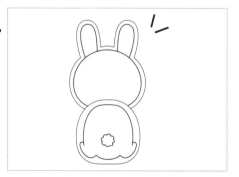

**12** ▶子どもたちの反応を受けて、「ウサギの胴体」と「ウサギ」を表にしてはる。

あたり～！　ウサギさんでした！

**13**

▶「ウサギの胴体」(表)と「ウサギ」(表)をパネルの下の方にはる。

これで最後です。最後は、誰だかわかるかな?

▶「ゾウの胴体」(裏)を出してはる。

**14**

▶子どもの反応を受けて、「ゾウ」(裏)を胴体の後ろにはる。

誰だろう? お鼻の長い動物みたいですよ。

**15** ▶子どもたちの反応を受けて、「ゾウの胴体」と「ゾウ」を表にしてはる。

あたり〜! ゾウさんでした!

**16**

ネコさんとパンダさんとブタさんとウサギさんとゾウさんは、と〜っても仲よしなんだって。

▶全部の動物たち(表)を近づけて中央にはり、首をとなりの動物に重ねるようにする。

みんなとっても嬉しそうですね!

★生活を楽しむパネルシアター②

# おかたづけできるかな？

バラバラになっているいろいろなものを、それぞれかたづけるべき場所にかたづけていきます。おもちゃはおもちゃ箱へ、食器は食器棚へ、絵本は本棚へ、洋服は洋服ダンスへ、そしてお金は財布にしまいます。パネルシアターならではの、しかけのある楽しいあそびを通して、おかたづけの大切さや、きれいにかたづけることの気持ちよさをなどを学びます。

## 用意するもの　型紙は P.100-104

●おもちゃ箱　●おもちゃ箱のポケット　●本棚　●絵本（1、2）　●洋服ダンス

●積み木（1、2、3）　●ぬいぐるみ　●ロボット　●食器棚　●茶碗、カップ、コップ　●洋服（1、2）

●お金（1、2、3）　●財布 ＜表＞ ＜裏＞　●スプーン、フォーク

## しかけの準備

① 「おもちゃ箱」「本棚」「食器棚」の切り込み線に切り込みを入れます。

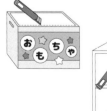

② 「おもちゃ箱のポケット」の下記のグレー部分に 木工用ボンドをつけて、①の「おもちゃ箱」とはり合わせます。

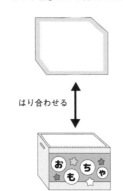
はり合わせる

③ 「財布」＜裏＞の裏側の下の部分に木工用ボンドをつけて、「財布」＜表＞とはり合わせます。

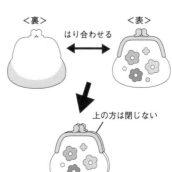
＜裏＞　はり合わせる　＜表＞
上の方は閉じない

④ 「茶碗」「カップ」「コップ」「洋服1」「洋服2」に、それぞれの大きさより小さく切ったパネル布をはり、裏打ちします。

パネル布をはる

## あそびかた

**1**

▶「おもちゃ箱」「本棚」「食器棚」「洋服ダンス」「財布」以外のすべてのパーツをパネルの下の方にバラバラにはっておく。それぞれを指さしながら、

ここにいろいろなものがありますね。おもちゃや絵本があったり、食器や洋服、お金もありますね。
今日は、これをみんなでおかたづけしていきましょう。

**2**

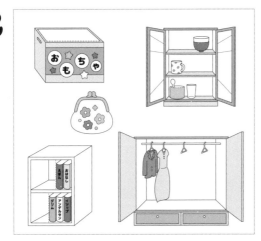

▶「おもちゃ箱」「本棚」「食器棚」「洋服ダンス」「財布」（表）をひとつずつ出しながら、パネルの上の方にはる。

かたづける場所は、おもちゃ箱に本棚、そして食器棚に洋服ダンス、それからお財布です。

**3**

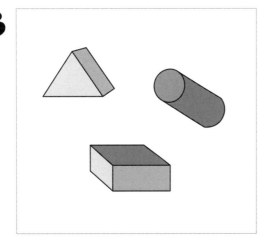

じゃあ、まずはこれをかたづけましょう。積み木ですね。

▶「積み木1」「積み木2」「積み木3」を取って、見せる。

これは、どこにかたづけるのかな？

生活を楽しむパネルシアター②
おかたづけできるかな？

**4**

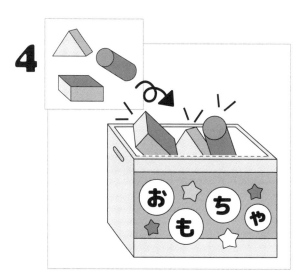

▶ 子どもたちの反応を受けて、

そうですね。積み木はおもちゃ箱にかたづけますね。
じゃあ、ここにかたづけましょう。

▶「積み木1」「積み木2」「積み木3」を「おもちゃ箱のポケット」に入れる。

**5**

他にも、おもちゃ箱にかたづけるものがありますね。どれかな？

▶ 子どもたちの反応を受けて、「ぬいぐるみ」と「ロボット」を取って、見せる。

そうですね。ぬいぐるみとロボットですね。
じゃあ、これらもおもちゃ箱にかたづけましょう。

▶「ぬいぐるみ」「ロボット」を「おもちゃ箱のポケット」に入れる。

**6**

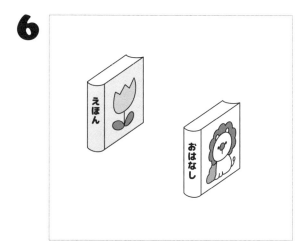

次は、これ。絵本です。

▶「絵本1」「絵本2」を取って、見せる。

これは、どこにかたづけるのかな？

**7**

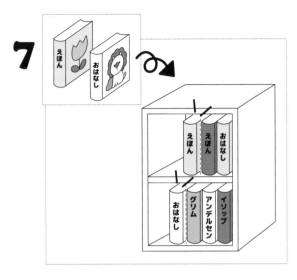

▶ 子どもたちの反応を受けて、

そうですね。絵本は本棚にかたづけましょう。

▶「絵本1」「絵本2」を本棚の2箇所の切り込み線に入れる。

**8**

次は、これです。お茶碗ですね。

▶「茶碗」を取って、見せる。

これは、どこにかたづけるのかな？

**9**

▶ 子どもたちの反応を受けて、

そうですね。茶碗は食器棚にかたづけますね。

▶「茶碗」を「食器棚」にはる。

**10**

他にも、食器棚にかたづけるものがありますね。どれかな？

▶ 子どもたちの反応を受けて、「カップ」「コップ」「フォーク」「スプーン」を取って、見せる。

そうですね。カップやコップ、フォーク、スプーンですね。
じゃあ、これらも食器棚にかたづけましょう。

▶「カップ」と「コップ」を「食器棚」にはり、「スプーン」「フォーク」を「食器棚」の切り込み線に入れる。

**11**

次は、これ。洋服です。

▶「洋服1」「洋服2」を取って、見せる。

これは、どこにかたづけるのかな？

**12**

▶ 子どもたちの反応を受けて、

そうですね。洋服は洋服ダンスにかたづけましょう。

▶「洋服1」「洋服2」を「洋服ダンス」のハンガー部分にはる。

生活を楽しむパネルシアター

**13**

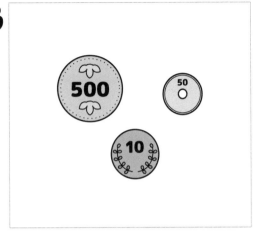

じゃあ、今度はこれ。お金です。

▶「お金1」「お金2」「お金3」を取って、見せる。

これは、どこにしまうのかな？

**14**

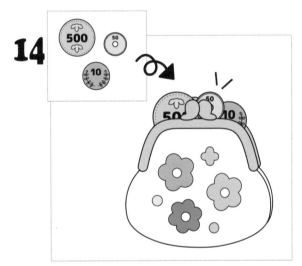

▶ 子どもたちの反応を受けて、

そうですね。お金はお財布にしまうんですね。

▶「お金1」「お金2」「お金3」を「財布」の中に入れる。

**15**

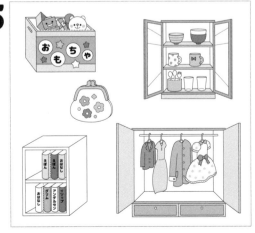

▶「おもちゃ箱」「本棚」「食器棚」「洋服ダンス」「財布」をパネルの中央にはる。

さあ、これで全部おかたづけできましたね。
すっきりかたづいて、気持ちいいですね。
みんなも、使ったものは、それぞれの場所にきちんとおかたづけしましょうね！

★生活を楽しむパネルシアター③

# 大きくなったら何になりたい？

パネルシアターでいろいろな男の子、女の子を登場させ、それぞれ大きくなったら何になりたいのかを、ヒントをもとに考えます。たとえば、ある男の子の場合では、飛行機のパネルを見せて、「飛行機で世界中を飛び回りたい」というヒントから、"パイロット"という答えを考えます。いろいろな職業があることに気づかせ、将来の夢を考えるきっかけを作ります。なお、保育者のセリフ中の子どもの名前は、適宜変えてください。

 **用意するもの** 型紙は P.104-107

●飛行機 　　●ケーキ　　●サッカーゴール　　●ステージ　　●花

●男の子1 ＜表＞＜裏＞　●女の子1 ＜表＞＜裏＞　●男の子2 ＜表＞＜裏＞　●女の子2 ＜表＞＜裏＞

●男の子3 ＜表＞＜裏＞　　●女の子3 ＜表＞＜裏＞　　●どろぼう

 **あそびかた**

**1** みんなは、大きくなったら何になりたいかな？
今日は、いろいろなお友だちがパネルシアターに登場するから、ヒントをもとに、そのお友だちが大きくなったら何になりたいかを考えてね。

▶「男の子1」（表）を出して動かし、

まず初めのお友だちは、れんくんです。

ぼくは、乗り物が大好きなんだ！

- 69 -

**2**

▶「飛行機」を出してはる。

飛行機で、世界中を飛びまわりたいな！

さて、れんくんは、大きくなったら何になりたいのかな？

**3**

▶ 子どもの反応を受けて、「男の子1」（表）を裏がえして動かし、

あたり〜！
ぼくは、大きくなったらパイロットになりたいんだ。

れんくんは、パイロットになりたいんですね。
みんな、よくわかったね。

▶「男の子1」と「飛行機」を下げる。

**4**

じゃあ、今度のお友だちはどうかな？
ひなちゃんという女の子です。

▶「女の子1」（表）を出して動かし、

ひなちゃんは、大きくなったら何になりたいのかな？

私は、甘いものが大好きなの！

## 5

▶「ケーキ」を出してはる。

おいしいケーキをいっぱい作りたいな！

さて、ひなちゃんは、大きくなったら
何になりたいのかな？

## 6

▶ 子どもの反応を受けて、「女の子1」（表）を裏がえして動かし、

そうです！
私は、大きくなったらケーキ屋さんになりたいの！

ひなちゃんは、ケーキ屋さんになりたいんですね。
ケーキ、おいしいもんね。

▶「女の子1」と「ケーキ」を下げる。

## 7

じゃあ、今度のお友だちはどうかな？
そうたくんという男の子です。

▶「男の子2」（表）を出して動かし、

そうたくんは、大きくなったら何になりたいのかな？

ぼくは、スポーツが大好きなんだ！

# 8

▶「サッカーゴール」を出してはる。

カッコよくシュートを決めたいな！

さて、そうたくんは、大きくなったら何になりたいのかな？

# 9

▶ 子どもの反応を受けて、「男の子2」（表）を裏がえして動かし、

あたり〜！
ぼくは、大きくなったらサッカーの選手になりたいんだ！

そうたくんは、サッカーの選手になりたいんですね。
サッカー選手は、人気の職業ですね。

▶「男の子2」と「サッカーゴール」を下げる。

# 10

じゃあ、今度のお友だちはどうかな？
さくらちゃんという女の子です。

▶「女の子2」（表）を出して動かし、

さくらちゃんは、大きくなったら何になりたいのかな？

私は、歌が大好きなの！

## 11

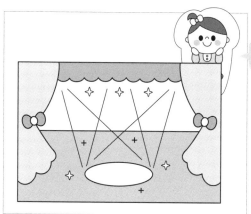

▶「ステージ」を出してはる。

**きれいな服を着て、大きなステージで歌いたいな！**

さて、さくらちゃんは、大きくなったら
何になりたいのかな？

## 12

▶子どもの反応を受けて、「女の子2」(表)を裏がえして動かし、

**あたり〜！
私は、大きくなったらアイドルになりたいの！**

ひなちゃんは、アイドルになりたいんですね。
みんな、よくわかったね。

▶「女の子2」と「ステージ」を下げる。

## 13

じゃあ、今度のお友だちはどうかな？
はるとくんという男の子です。

▶「男の子3」(表)を出して動かし、

はるとくんは、大きくなったら何になりたいのかな？

**ぼくは、正義の味方になりたいんだ！**

## 14

▶「どろぼう」を出してはる。

**どろぼうや、悪い人を捕まえるんだ！**

さて、はるとくんは、大きくなったら
何になりたいのかな？

**15**

大正解〜!
ぼくは、大きくなったら警察官になりたんだ!

▶ 子どもの反応を受けて、「男の子3」(表)を裏がえして動かし、

はるとくんは、警察官になりたいんですね。
みんな、よくわかったね。

▶ 「男の子3」と「どろぼう」を下げる。

**16**

じゃあ、今度のお友だちはどうかな?
ゆいちゃんという女の子です。

▶ 「女の子3」(表)を出して動かし、

ゆいちゃんは、大きくなったら何になりたいのかな?

私は、お花が大好きなの!

**17**

▶ 「花」を出してはる。

毎日、お花に囲まれていたいな!

さて、ゆいちゃんは、大きくなったら
何になりたいのかな?

**18**

▶ 子どもの反応を受けて、「女の子3」(表)を裏がえして動かし、

あたり〜!
私は、大きくなったらお花屋さんになりたいの!

ゆいちゃんは、お花屋さんになりたいんですね。
お花、きれいだもんね。
いろいろな職業が出てきましたね。
みんなは、大きくなったら何になりたいかな?
今度、先生に教えてね!

★生活を楽しむパネルシアター④
# きれいなお窓

さまざまな形の家には、それぞれ窓がついています。その窓を開けると、いろいろな動物たちが現れます。ひとつずつ家を見せ、「♪きれいなお窓」を歌った後に、窓から下半分くらいが見えるところまで窓のしかけを開け、どんな動物の家なのかを子どもたちに考えさせます。そして正解が出たところで、窓を全開にします。もし正解が出ないようなら、その動物の鳴き声を真似したり、しぐさを真似して、ヒントを出すといいでしょう。

## 用意するもの　型紙は P.108-110

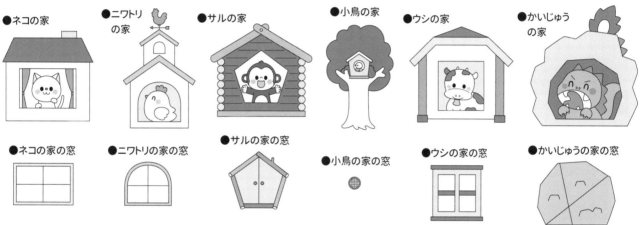

●ネコの家　●ニワトリの家　●サルの家　●小鳥の家　●ウシの家　●かいじゅうの家

●ネコの家の窓　●ニワトリの家の窓　●サルの家の窓　●小鳥の家の窓　●ウシの家の窓　●かいじゅうの家の窓

## しかけの準備

① それぞれの「窓」に、それぞれの大きさより小さく切ったパネル布をはり、裏打ちします。

② ①で裏打ちした「窓」をそれぞれの「家」の窓部分にあらかじめはっておきます。

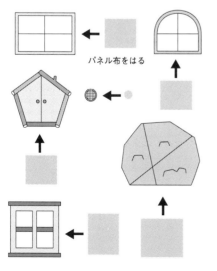

パネル布をはる

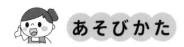 あそびかた

**1**

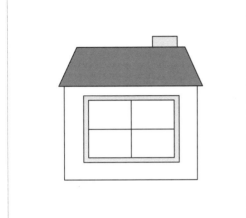

今日は、いろいろな動物のお家が登場しますよ。まずはこれ。

▶「ネコの家」を出してはる。

これは誰のお家か、わかるかな?
じゃあ、みんなで「♪きれいなお窓」の歌を歌ってみましょう。

> ♪ きれいな おまどの
>   ちいさな おうち
>   はてな どなたの おうちかな

**2**

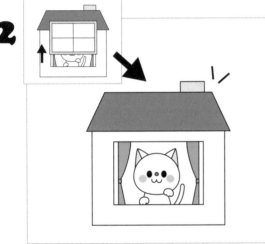

ちょっとだけ窓を開けてみましょう。

▶「ネコの家の窓」を半分くらい上にずらす。

誰のおうちかな?

▶ 子どもたちの反応を受け、正解が出たら、「ネコの家の窓」を
　ネコが完全に見えるまで上までずらし、下げる。

あたり〜! ネコさんのお家でした。

▶「ネコの家」を下げる。

**3**

じゃあ、このお家は、誰のお家かわかるかな?

▶「ニワトリの家」を出してはる。

じゃあ、また「♪きれいなお窓」の歌を歌ってみましょう。

>  きれいな おまどの
>   ちいさな おうち
>   はてな どなたの おうちかな

生活を楽しむパネルシアター④
# きれいなお窓

**4**

ちょっとだけ窓を開けてみましょう。

▶「ニワトリの家の窓」を半分くらい上にずらす。

誰のおうちかな？

▶ 子どもたちの反応を受け、正解が出たら、「ニワトリの家の窓」を
　ニワトリが完全に見えるまで上までずらし、下げる。

あたり〜！　ニワトリさんのお家でした。

▶「ニワトリの家」を下げる。

**5**

じゃあ、このお家は、誰のお家かわかるかな？

▶「サルの家」を出してはる。

じゃあ、また「♪きれいなお窓」の歌を歌ってみましょう。

　**きれいな　おまどの
ちいさな　おうち
はてな　どなたの　おうちかな**

**6**

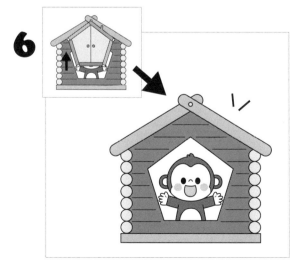

ちょっとだけ窓を開けてみましょう。

▶「サルの家の窓」を半分くらい上にずらす。

誰のおうちかな？

▶ 子どもたちの反応を受け、正解が出たら、「サルの家の窓」を
　サルが完全に見えるまで上までずらし、下げる。

あたり〜！　おサルさんのお家でした。

▶「サルの家」を下げる。

## 7

じゃあ、このお家は、誰のお家かわかるかな?

▶「小鳥の家」を出してはる。

じゃあ、みんなで「♪きれいなお窓」の歌を歌ってみましょう。

>  きれいな　おまどの
> ちいさな　おうち
> はてな　どなたの　おうちかな

## 8

ちょっとだけ窓を開けてみましょう。

▶「小鳥の家の窓」を半分くらい上にずらす。

誰のおうちかな?

▶ 子どもたちの反応を受け、正解が出たら、「小鳥の家の窓」を小鳥が完全に見えるまで上までずらし、下げる。

あたり〜!　小鳥さんのお家でした。

▶「小鳥の家」を下げる。

## 9

じゃあ、このお家は、誰のお家かわかるかな?
今度は大きなお家ですね。

▶「ウシの家」を出してはる。

じゃあ、また「♪きれいなお窓」の歌を歌ってみましょう。今度は、「ちいさなおうち」の歌詞の部分を「おおきなおうち」に替えて歌ってみますよ。

>  きれいな　おまどの
> おおきな　おうち
> はてな　どなたの　おうちかな

生活を楽しむパネルシアター④
きれいなお窓

**10**

ちょっとだけ窓を開けてみましょう。

▶「ウシの家の窓」を半分くらい上にずらす。

誰のおうちかな？

▶ 子どもたちの反応を受け、正解が出たら、「ウシの家の窓」を
　ウシが完全に見えるまで上までずらし、下げる。

あたり〜！　ウシさんのお家でした。

▶「ウシの家」を下げる。

**11**

じゃあ、このお家は、誰のお家かわかるかな？
今度はずいぶん大きなお家ですね。

▶「かいじゅうの家」を出してはる。

じゃあ、また「♪きれいなお窓」の歌を歌ってみましょう。今度も、「ちいさなおうち」の歌詞の部分を「おおきなおうち」に替えて歌ってみますよ。

> きれいな　おまどの
> おおきな　おうち
> はてな　どなたの　おうちかな

**12**

ちょっとだけ窓を開けてみましょう。

▶「かいじゅうの家の窓」を半分くらい上にずらす。

誰のおうちかな？

▶ 子どもたちの反応を受け、正解が出たら、「かいじゅうの家の窓」を
　かいじゅうが完全に見えるまで上までずらし、下げる。

あたり〜！　かいじゅうのお家でした。
いろいろなお家に、いろいろな動物たちがいましたね。
おもしろかったね！

# きれいなお窓

作詞／作曲：不詳

※（　）内は替え歌です。

# ★型紙集

お好みに合わせて拡大して、ご使用ください。
まず全体を原寸でコピーし、それから使用するイラストを切り取り、拡大すると無駄なく使えます。
またイラストには色がついていませんので、拡大したものに色をぬりましょう。
また、編集の都合上、イラストの向きが違うものがございます。ご了承ください。
共通のイラストはP.111にまとめて掲載しています。お話に合わせて選んでご使用ください。

##  P.8-13　ぞうさんのぼうし

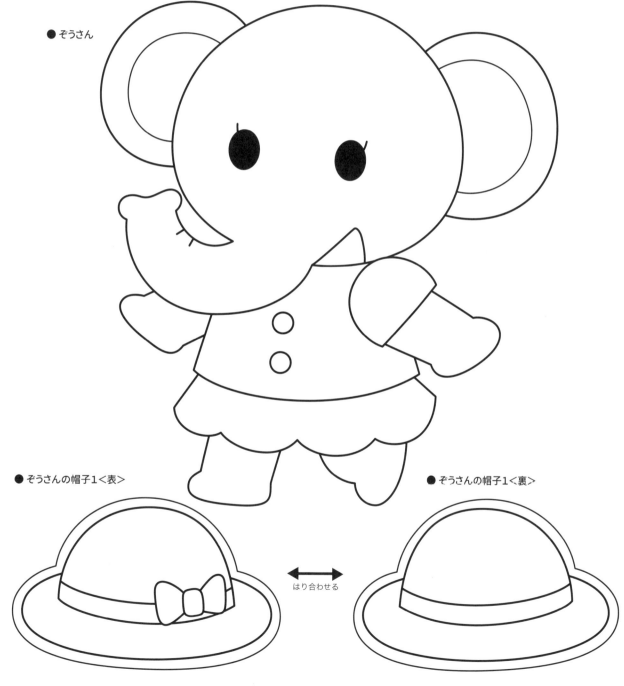

● ぞうさん

● ぞうさんの帽子1＜表＞　　　　　　　　　　　● ぞうさんの帽子1＜裏＞

はり合わせる

● ぞうさんの帽子 2

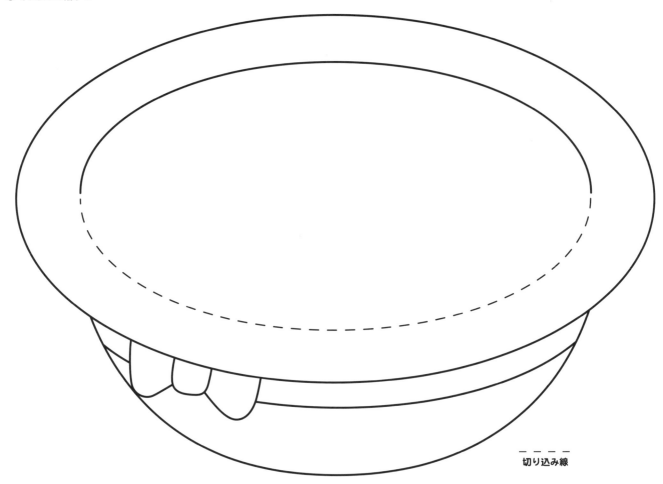

切り込み線

● こねこ

● こぶた

● こだぬき

● 帽子のポケット

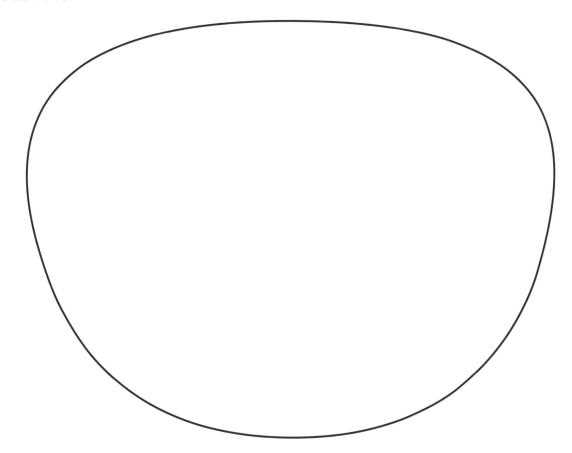

## P.14-18 犬のおまわりさん

● こねこの顔　　● こねこの胴体　　● おうち

● 犬のおまわりさんの顔1

● 犬のおまわりさんの顔2

● 犬のおまわりさんの胴体

● なまえ

● からす

● すずめ

● わからないマーク

## P.19-23 ふしぎなポケット

● ポケット1

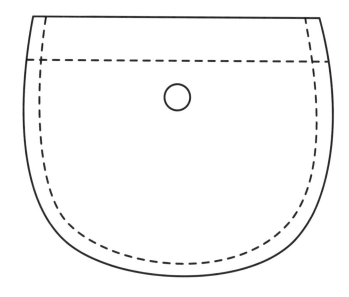

● ビスケット

● ポケット1のポケット

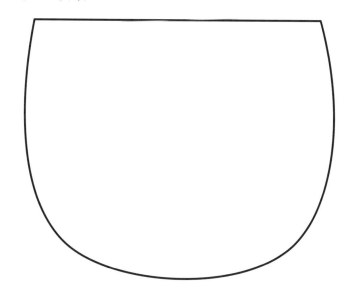

● ドーナツ

● ポケット2

● ポケット2のポケット

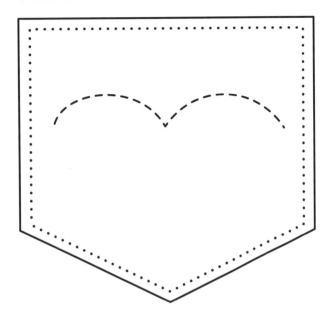

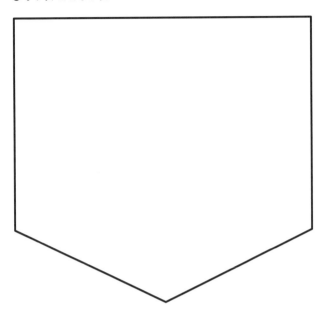

## P.24-28 まあるいたまご

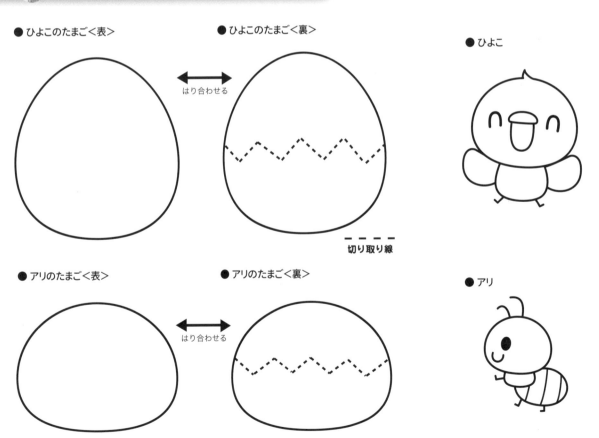

● ひよこのたまご＜表＞　● ひよこのたまご＜裏＞　　● ひよこ

はり合わせる

切り取り線

● アリのたまご＜表＞　● アリのたまご＜裏＞　　● アリ

はり合わせる

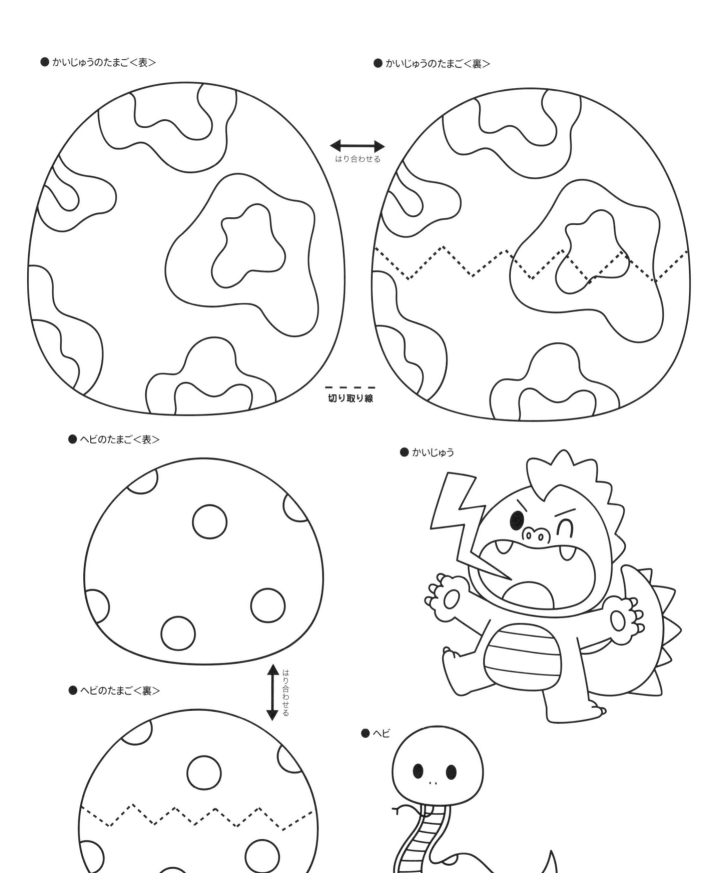

**P.29-33 おべんとうばこのうた**

● おべんとうばこ

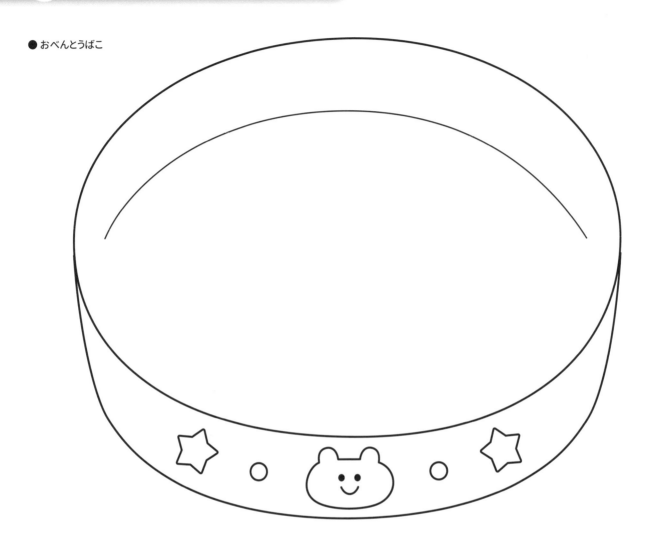

● おにぎり

● きざみしょうが

● ごましお

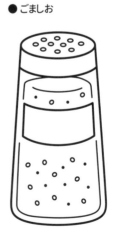

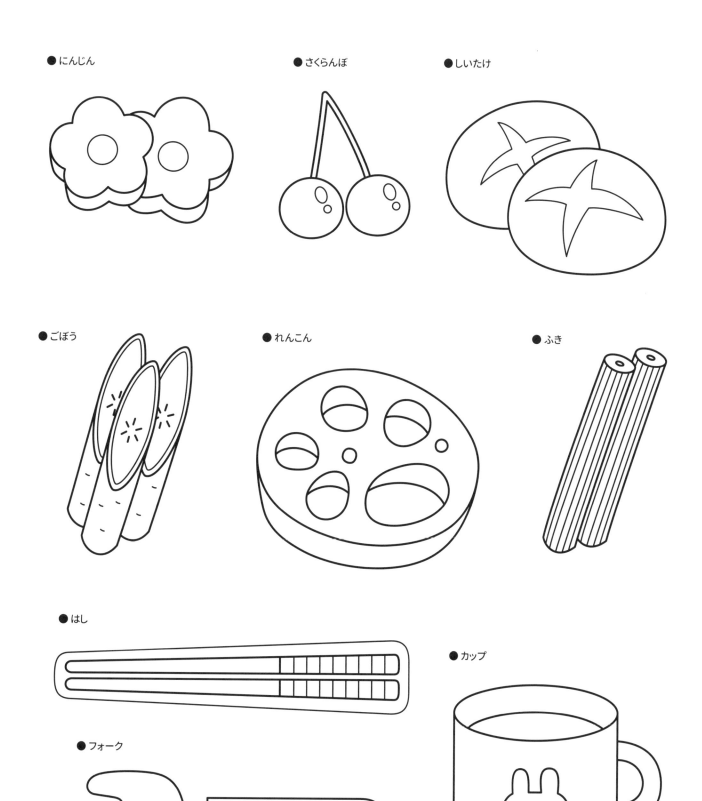

## P.34-39 王様の耳はロバの耳

● 王様　　● 家来　　● 神父

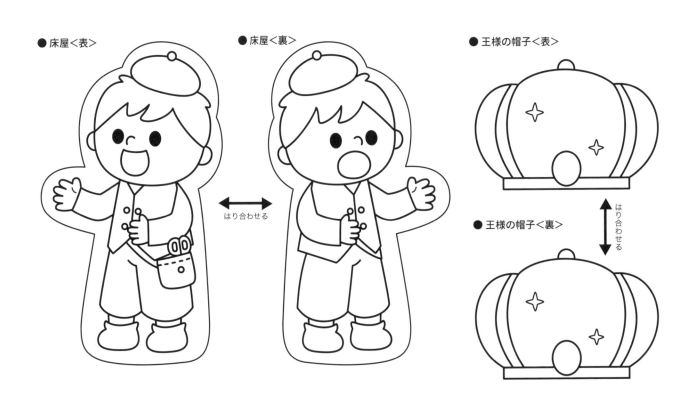

● 床屋＜表＞　　● 床屋＜裏＞　　● 王様の帽子＜表＞

はり合わせる

● 王様の帽子＜裏＞

はり合わせる

## P.40-45 大きなかぶ

● 畑

切り込み線

● 大きなかぶ

● かぶの葉

● イヌ

● ネコ

● ネズミ

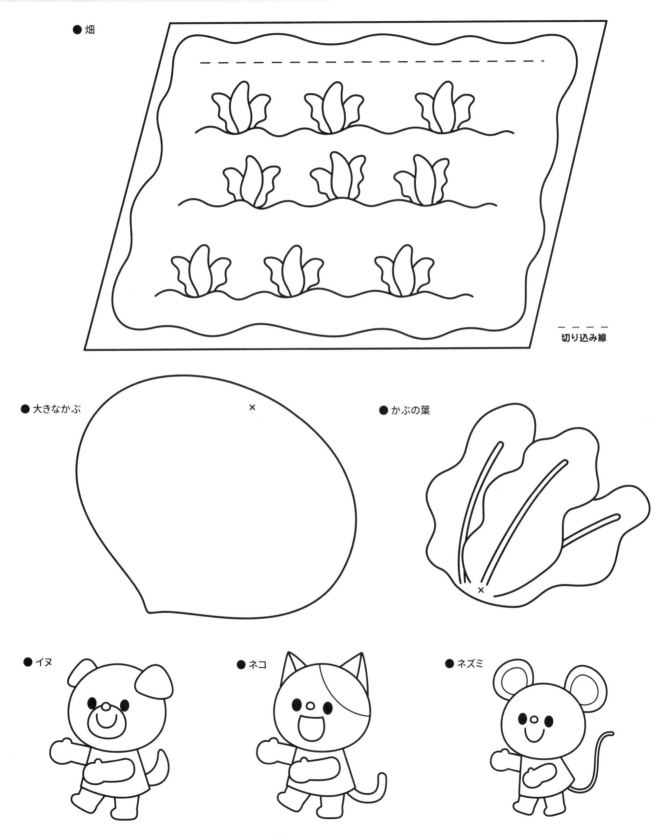

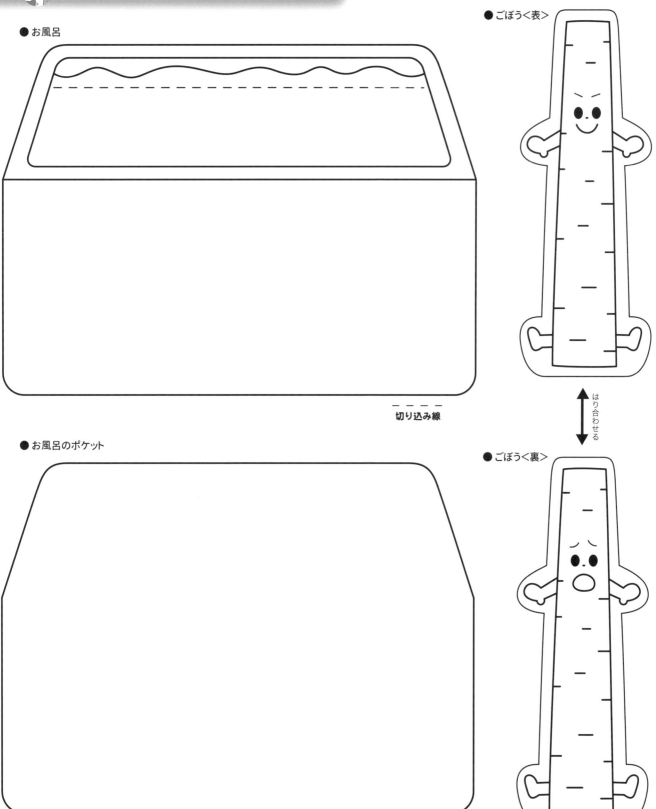

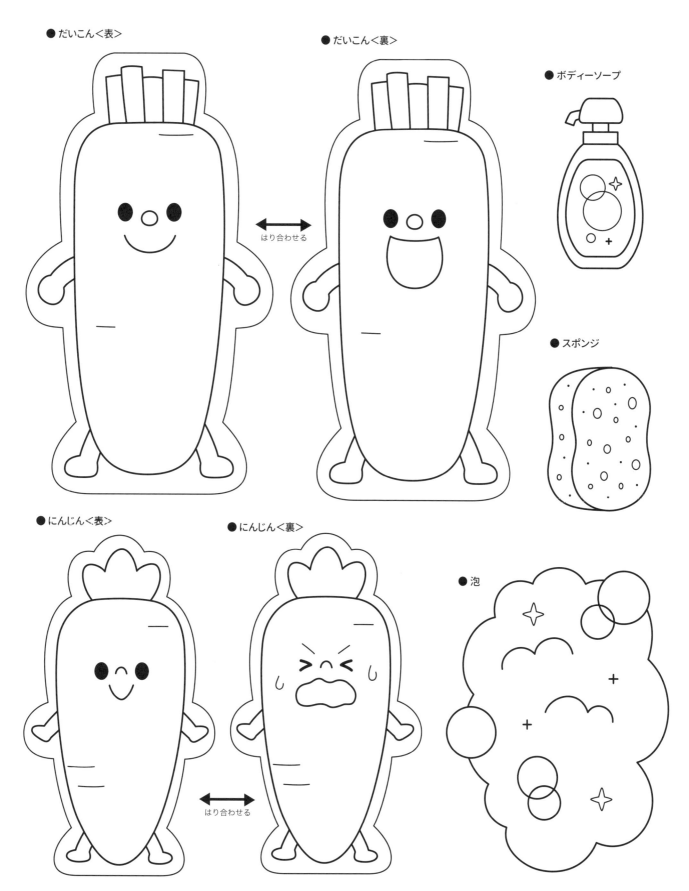

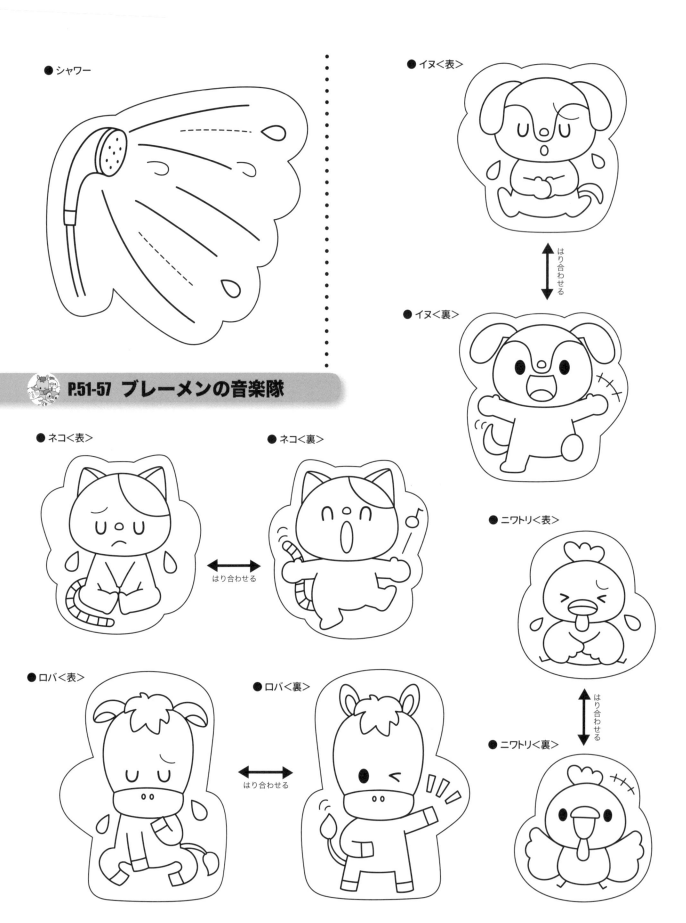

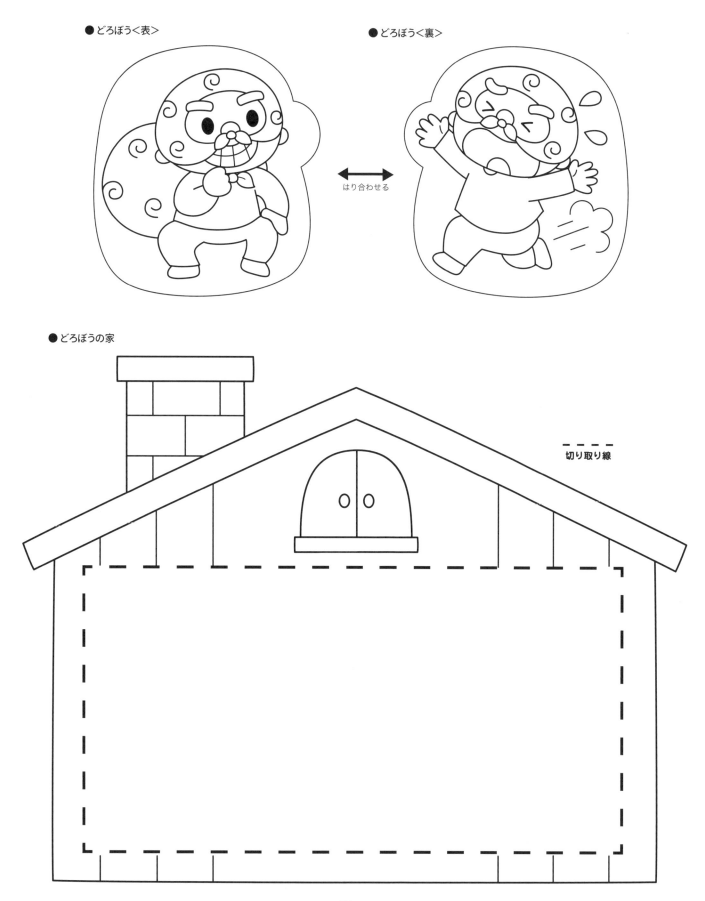

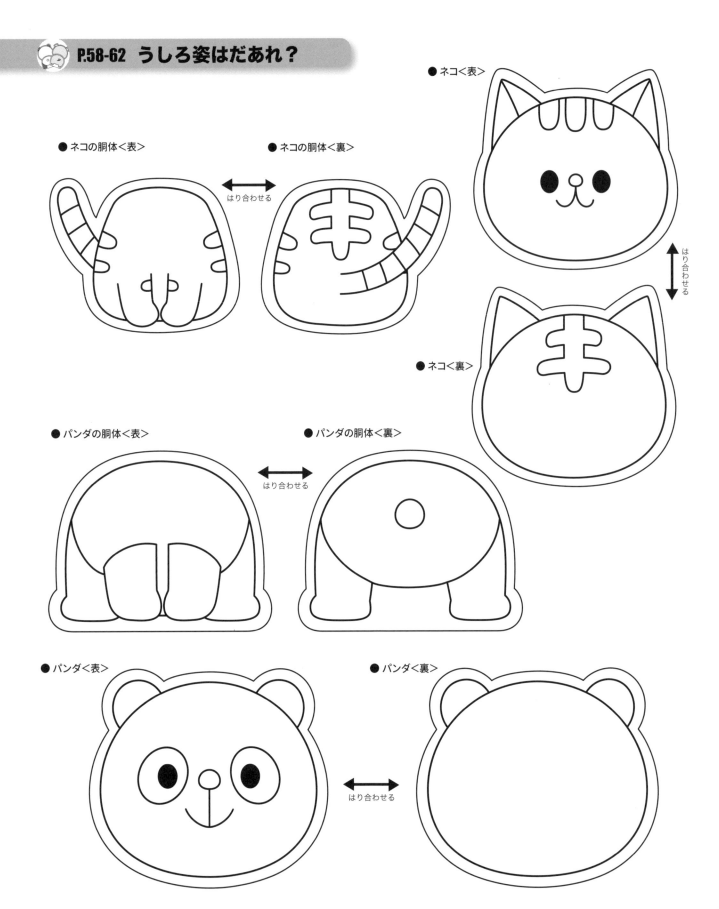

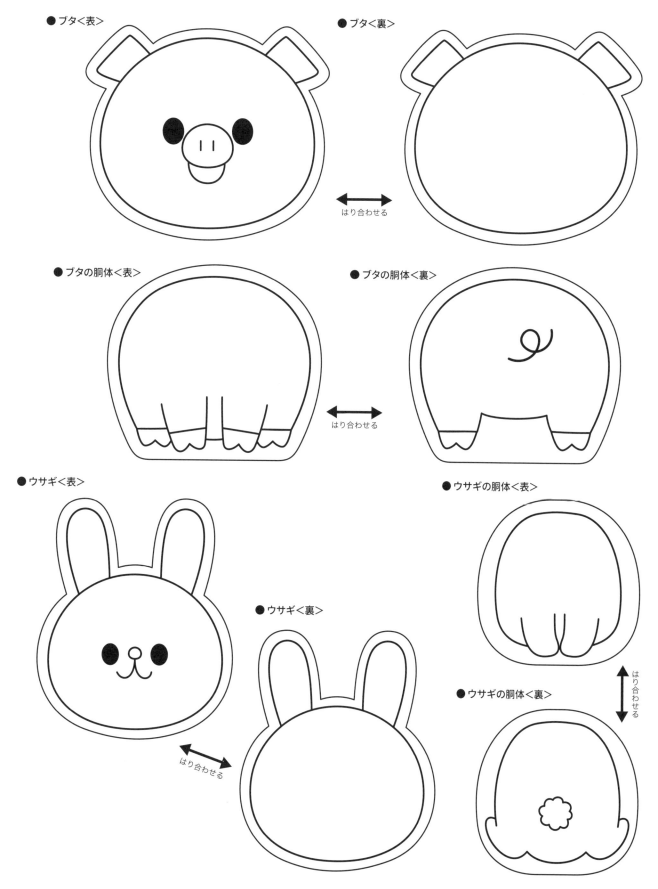

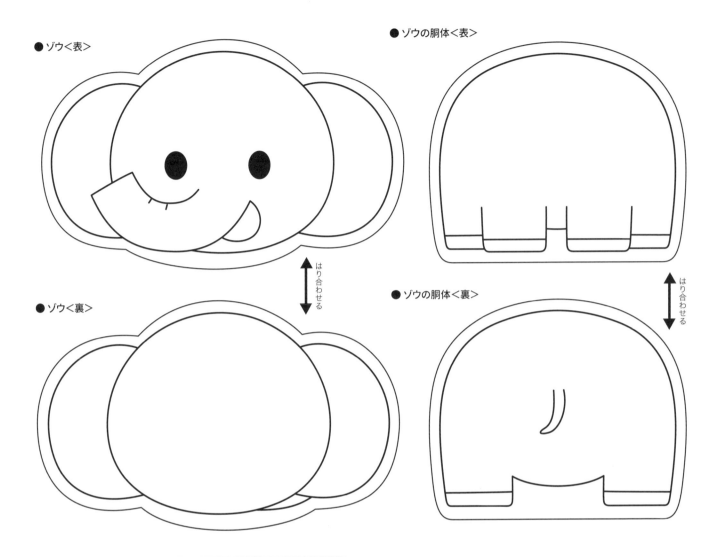

## P.63-68 おかたづけできるかな？

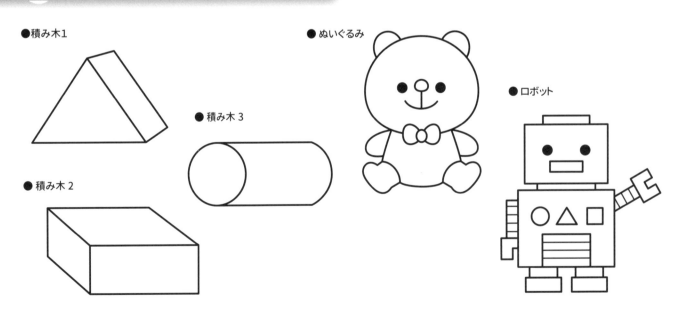

● おもちゃ箱

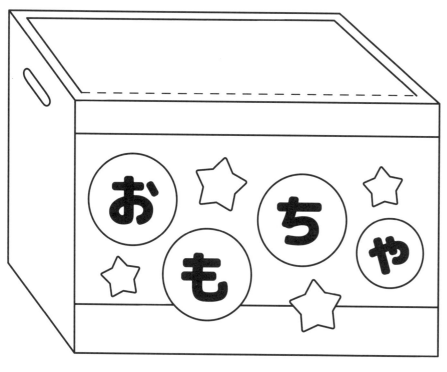

切り込み線

● おもちゃ箱のポケット

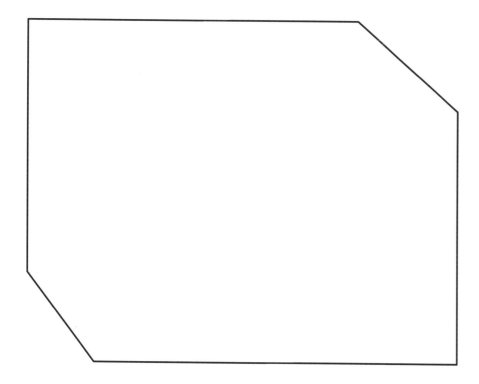

● 絵本1

● 絵本2

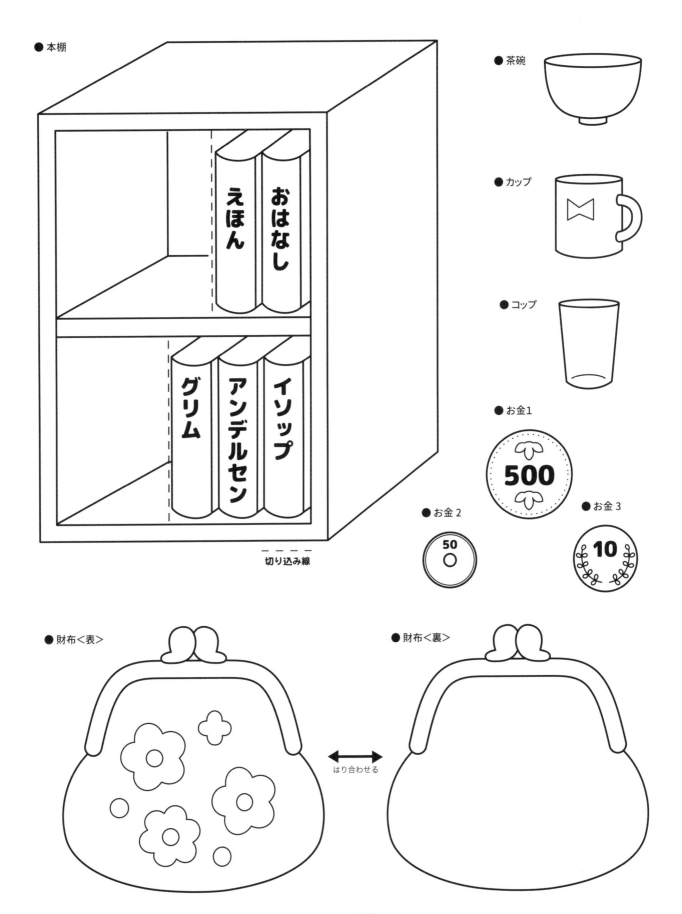

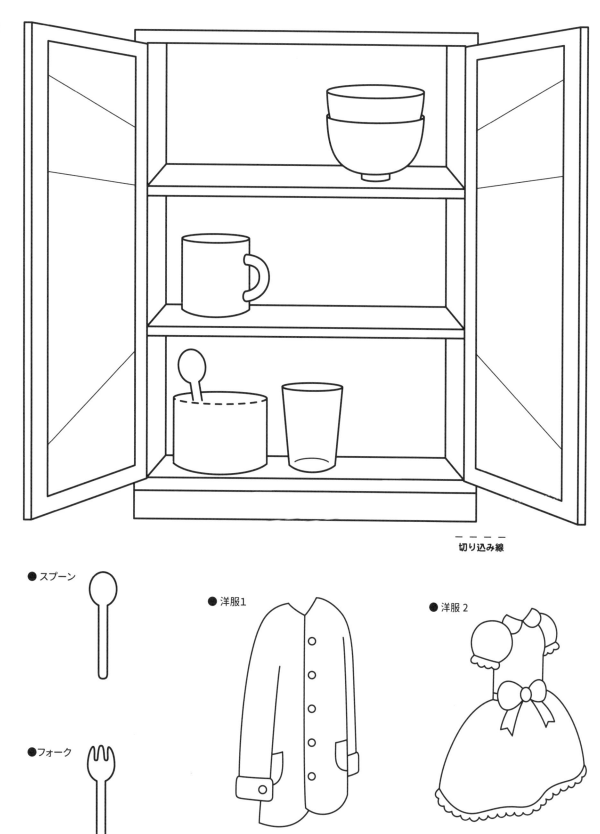

● 洋服ダンス

## P.69-74 大きくなったら何になりたい？

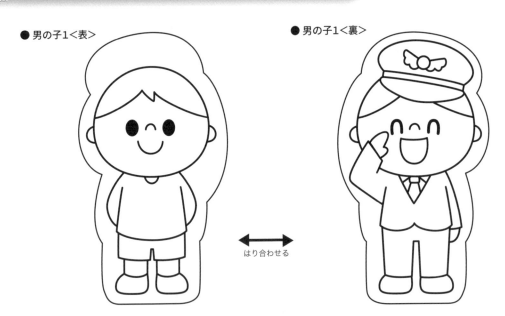

● 男の子1＜表＞　　● 男の子1＜裏＞

はり合わせる

● 男の子3 ＜表＞

● どろぼう

はり合わせる

● 男の子3 ＜裏＞

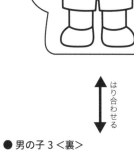

● 女の子3 ＜表＞　　● 女の子3 ＜裏＞

はり合わせる

● 花

**P.75-80 きれいなお窓**

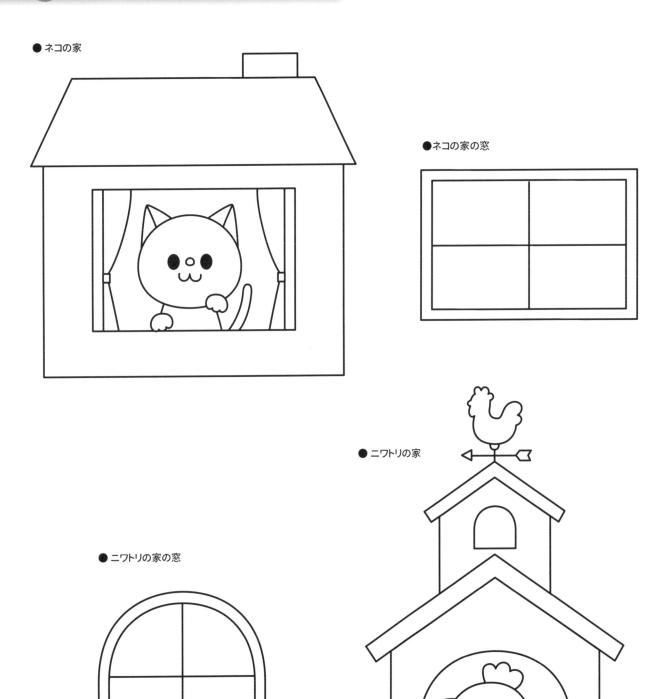

● サルの家の窓

● サルの家

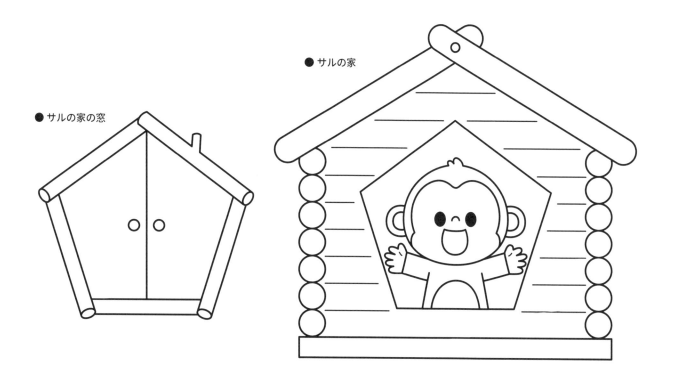

● 小鳥の家

● 小鳥の家の窓

● かいじゅうの家の窓

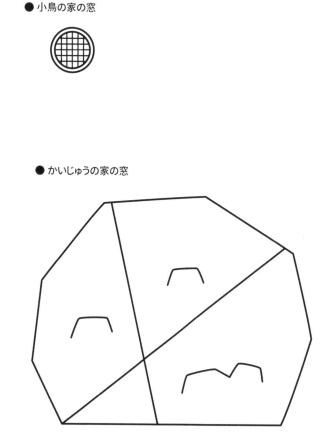

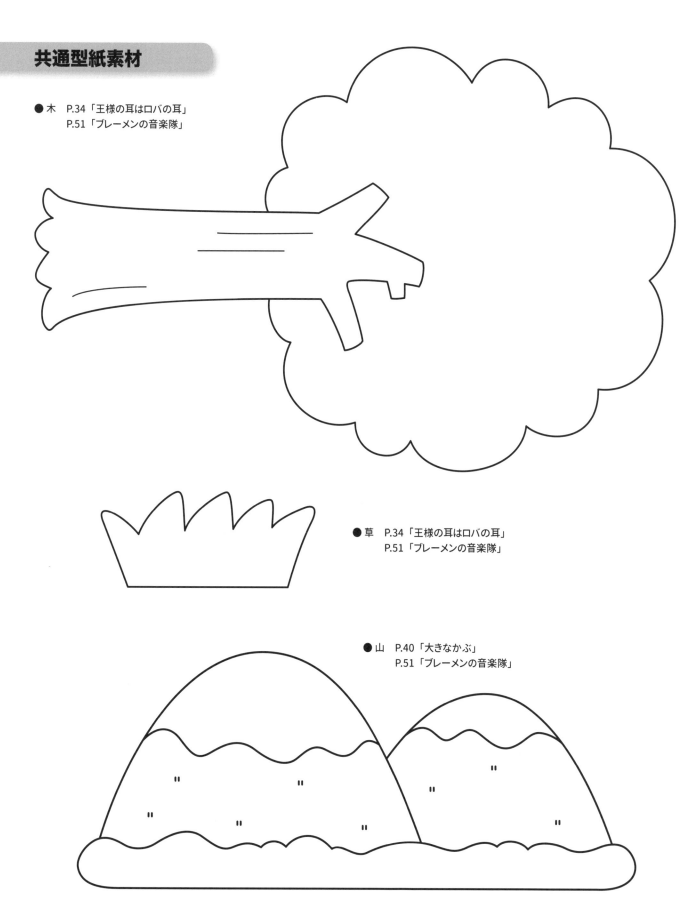

● 編著者

### 井上 明美（いのうえ あけみ）

国立音楽大学教育音楽学科幼児教育専攻卒業。卒業後は、㈱ベネッセコーポレーション勤務。在籍中は、しまじろうのキャラクターでおなじみの『こどもちゃれんじ』の編集に創刊時より携わり、音楽コーナーを確立する。退職後は、音楽プロデューサー・編集者として、音楽ビデオ、CD、CDジャケット、書籍、月刊誌、教材など、さまざまな媒体の企画制作、編集に携わる。2000年に編集プロダクション アディインターナショナルを設立。主な業務は、教育・音楽・英語系の企画編集。同社代表取締役。http://www.ady.co.jp
同時に、アディミュージックスクールを主宰する。
http://www.ady.co.jp/music-school/
著書に、『みんなよろこぶ！人気劇あそび特選集』、『子どもがときめく人気曲&どうようでリトミック』『かわいく たのしい ペープサート』『かわいく たのしい パネルシアター』（いずれも自由現代社）他、多数。

● 情報提供

学校法人 東京吉田学園 久留米神明幼稚園／
　小林由利子　簑口桂子　菅野里茄　保倉好美　安達直美

● 編著協力

アディインターナショナル／大門久美子

● 表紙・本文イラスト

### イシグロフミカ

短大の保育科を卒業後、幼稚園の先生として働きながらイラストを描き始め、現在フリーのイラストレーターとして活動中。保育・教育関連の雑誌や書籍などで、明るくかわいいタッチのイラストを描く。また、こどもが喜ぶ工作も手がける。
著書に「かわいい保育グッズのつくりかた」（自由現代社）、「かわいいえがすぐにかけちゃうほん」「1、2、3 ですぐかわイラスト」（学研）、「親子でいっしょに季節の手作りあそび」（日東書院）、「親子でつくる プラバン小物」（講談社）などがある。
URL : http://funyani.com

---

**好評発売中！**

**しかけがいっぱい！**
**かわいくたのしい パネルシアター**
井上明美・編著　イシグロフミカ・イラスト
AB判/112P/定価（本体 1,500 円 + 税）

絵人形が不思議な動きや、生きているかのような動きをするなど、たくさんのビックリするしかけが盛り込まれた一冊。
【掲載内容】メリーさんのひつじ／かわいいかくれんぼ／金のおのと銀のおの／お誕生日おめでとう／せんたく大好き…など。

---

かわいい！たのしい！　**ラクラクできちゃうパネルシアター**　　定価（本体1500円+税）

| | |
|---|---|
| 編著者 | 井上明美（いのうえあけみ） |
| イラスト | イシグロフミカ |
| 表紙デザイン | オングラフィクス |
| 発行日 | 2019年3月30日　第1刷発行<br>2021年10月30日　第4刷発行 |
| 編集人 | 真崎利夫 |
| 発行人 | 竹村欣治 |
| 発売元 | 株式会社自由現代社<br>〒171-0033　東京都豊島区高田 3-10-10-5F<br>TEL03-5291-6221/FAX03-5291-2886<br>振替口座 00110-5-45925 |
| ホームページ | http://www.j-gendai.co.jp |

**皆様へのお願い**
楽譜や歌詞・音楽書などの出版物を権利者に無断で複製（コピー）することは、著作権の侵害（私的利用など特別な場合を除く）にあたり、著作権法により罰せられます。また、出版物からの不法なコピーが行なわれますと、出版社は正常な出版活動が困難となり、ついには皆様方が必要とされるものも出版できなくなります。音楽出版社と日本音楽著作権協会（JASRAC）は、著作権の権利を守り、なおいっそう優れた作品の出版普及に全力をあげて努力してまいります。どうか不法コピーの防止に、皆様方のご協力をお願い申し上げます。

株式会社　自由現代社
一般社団法人　日本音楽著作権協会
（JASRAC）

JASRACの承諾に依り許諾証紙張付免除

JASRAC　出1901738-104
（許諾番号の対象は、当該出版物中、当協会が許諾することのできる出版物に限られます。）

ISBN978-4-7982-2310-0

---

●本書で使用した楽曲は、内容・主旨に合わせたアレンジによって、原曲と異なる又は省略されている箇所がある場合がございます。予めご了承ください。
●無断転載、複製は固くお断りします。●万一、乱丁・落丁の際はお取り替え致します。